U0920349

国家智库报告 2016（22）
National Think Tank
社 会 发 展

# 中国城市居民生活质量研究（2015）

艾云 著

RESEARCH ON QUALITY OF LIFE IN URBAN CHINA(2015)

中国社会科学出版社

**图书在版编目(CIP)数据**

中国城市居民生活质量研究. 2015 / 艾云著. —北京：中国社会科学出版社，2016.5

(国家智库报告)

ISBN 978-7-5161-8396-0

Ⅰ. ①中… Ⅱ. ①艾… Ⅲ. ①城市—居民生活—生活质量—研究—中国—2015 Ⅳ. ①D669.3

中国版本图书馆 CIP 数据核字(2016)第 126347 号

出 版 人　赵剑英
责任编辑　王　茵
特约编辑　马　明
责任校对　董晓月
责任印制　李寡寡

出　　版　中国社会科学出版社
社　　址　北京鼓楼西大街甲 158 号
邮　　编　100720
网　　址　http://www.csspw.cn
发 行 部　010-84083685
门 市 部　010-84029450
经　　销　新华书店及其他书店

印刷装订　北京君升印刷有限公司
版　　次　2016 年 5 月第 1 版
印　　次　2016 年 5 月第 1 次印刷

开　　本　787×1092　1/16
印　　张　6.25
插　　页　2
字　　数　68 千字
定　　价　29.00 元

**摘要：**自2012年开始中国社会科学院社会发展战略研究院在全国23个省开展中国城市居民生活质量调查，并在该调查基础上形成生活质量现状分析报告。2015年中国城市居民生活满意度分值为65.38分，总体信心度分值为84.85分。人们对社会发展现状比较满意，对社会发展的未来前景充满信心。总体上，2015年度人们对生活质量的满意度和信心度均高于2014年度。一方面，这显示了人们生活质量不断提高和改善的发展趋势，另一方面也是国家发展战略上重视推进民生建设，建设廉洁、高效的政府等所取得的良好效果。

总体上，中国城市居民物质生活水平得到了极大的改善和提高，随着经济发展水平提高和物质财富积累，人们对生活质量提出了更新、更高和更深度的要求。2015年中国城市居民生活质量研究发现，随着经济发展进入新常态阶段，支撑了过去三十多年高速经济增长的发展模式所引发的社会矛盾和后果成为未来社会治理的重点。“房价高”“物价高”“环境恶化”“收入差距大”等综合性社会质量问题越发明显和集中，带来了人们微观心态的变化，出现社会隔离、社会焦虑感、精神危机等社会问题。

此外，人们对住房市场、食品安全、环境质量、水和空气质量、个人自我实现、社会归属感、社会公平正义等都有了更高的要求。社会价值观日益多元化，个人选择日渐多样化，人们对个人价值、精神文化的需求日益强烈。总之，国家和社会治理进入更为多样复杂、更需要求同存异和协调发展的新阶段。这提出了在宏观制度安排上提供服务以满足人们的心理精神健康和精神文化的需要，调整经济增长方式，激活社会组织，加快生态、环境的修复和治理的发展任务。在未来改革发展中，一是需要国家在物价、房价、环境保护、文化建设等方面进行战略性的改革，二是要重视并以制度建设推动人民群众参与日益多元化的社会建设，让每个人在家庭、社区和工作生活中发掘、创造真善美。

**关键词：** 中国城市居民　生活现状满意度　未来生活的信心度　心理归属感

**Abstract**: This report uses data from the Social Attitudes and Social Development Survey to examine the quality of life in urban China. It explores how people in urban China perceive the quality of their communities and societal relations and their public services. Since 2012 this survey has been conducted year by year, and covers 23 provinces. In 2015 the average satisfaction in urban China is 65. 38, and the average confidence is 84. 85. It scores much higher contrasting with the average score in 2014. It implies the key improvements in quality of life over past years, and the great achievements in the construction of people's livelihood.

It includes several critical domains: subjective well – being, productive and valued activities, and individual, family and social life, social inequalities, quality of society and public services. Variation in these domains is measured by gender, age, marriage status, employment status and citizenship status. It argues that the spiritual and cultural needs become more and more prominent and urgent with the rapid economic growth. some social problems are increasingly obvious and concentrated, such as "high prices on housing", "high" prices, "environmental degradation", "big income gap" and so on. It affects people's mentality health, and leads to social isolation, social anxiety.

In addition, people have higher requirements on the housing market, food safety, environmental quality, water and air quality, individual self – realization, social sense of belonging, social equity and justice and so on. Social values are increasingly diversified, personal choice is increasingly diverse, people spiritual and cultural demands are increasingly urgent. All in all, the state and society governance become more complex and face lots of new challenges. It puts forward the macro system arrangement on providing services to satisfy people's psychological, spiritual and cultural needs for the mental health, adjust the economic growth mode, activate the social organization, speed up the restoration of the ecological, environmental and governance development tasks. In future, the reformers have to design new strategies to balance commodity and house prices, to supervise environmental protection, to advocate cultural construction , In these process it is necessary to promote the masses to participate in the social construction, and encourage everyone in the family, community to create a wonderful world.

**Key Words**: Urban China; Satisfaction Index; Confidence Index; Mental Well - being Index

# 目　　录

一　国内外生活质量概况 …………………………………（1）
二　指标、测量与抽样 ……………………………………（6）
三　2015 年生活质量总体水平 …………………………（19）
四　分社会自然特征生活质量水平差异 ………………（28）
五　“80 后”青年群体的生活质量 ………………………（45）
六　社会隔离、社会参与与社会救助 …………………（50）
七　分社会制度安排生活质量水平差异 ………………（56）
八　社会公平公正与个人发展 …………………………（60）
九　“互联网 +”背景下生活质量 ………………………（65）
十　生活与消费未来预期 ………………………………（72）
十一　欧洲生活质量 ……………………………………（80）
十二　结论与政策建议 …………………………………（84）

# 一　国内外生活质量概况

从人类发展历史看，随着社会经济迅速发展，自20世纪中叶以来，世界各国对人们生活质量的关注进入了一个新阶段。欧洲联盟改革委员会自2012年开始在欧洲联盟国家开展大规模的生活质量调查，这一调查每三年开展一次，追踪了解欧洲居民生活质量及社会福利水平的变化，积累了关于欧洲社会发展的宝贵数据资料。而中国自20世纪70年代末开始的整个社会的改革开放，带来了巨大的社会结构转型和社会变迁的同时，引发了人们生活方式、生活内容和思想观念的重大变化，政策制定者和学术研究者都高度关注城乡居民的生活水平、幸福状况等重要主题。

在中国，“生活质量”概念主要有两个理解：一是理解为人们物质生活和精神生活的客观条件方面，将其作为反映人们生活状况、生活条件、生活水平，以及社会发展程度的社会指标；二是理解为人们对生活总体水平和各种客观生活条件的主观评价，看作人们对生活的总体满意度以及对生活各方面的满意度。[①] 具体而言，本报告以人们对生活的总体满意程度、人们对未来生活的信心程度以及人们的心理信任度为核心测量指标，以各类社会制度安排和社会结构为主要分析视角，以“物质需求”“社会情感需求”“自我成就需求”和“社会环境需求”为主要考察内容，对中国城市居民生活质量进行测度分析。

1. **物质生活**

物质生活主要指人们最原始、最基本的生理需要，如空气、水、吃饭、穿衣、住宅、医疗等。若不满足，则有生命危险。这就是说，它是最强烈的不可避免的最底层需要，也是推动人们行动的强大动力，如果这一需求无法满足，将极大威胁社会稳定和社会发展。本报告以如下五个方面的主观感受作为测量物质生活质量高低的指标：个人收入、家庭经济、住房状况、健康状况、社会地位。

2. **社会情感**

社会情感需求指个体归属与爱的需要，是指个人渴望

---

① 风笑天：《生活质量研究——近三十年回顾及相关问题探讨》，《社会科学研究》2007 年第 6 期。

得到家庭、团体、朋友、同事的关怀爱护理解，是对友情、信任、温暖、爱情的需要。我们主要以如下三个方面作为衡量社会情感需要满足状况的指标：家庭关系、人际关系、社会支持。

### 3. 自我成就

从个体层次来看，自我成就的需要是人类最高等级的需要（马斯洛，1943）；从社会层次来看，自我成就正是社会创新和发展的动力基础，个体在自我实现的过程中才能实现社会创新和推动社会进步。自我成就在个体层次满足这种需要就要求完成与自己能力相称的工作，最充分地发挥自己的潜在能力，成为所期望的人物。这是一种创造的需要。自我实现意味着充分地、活跃地、忘我地、集中全力全神贯注地体验生活，成就需要是指争取成功、追求优越感，希望做到最好的需要。我们主要以如下与自我实现相关的四个方面来衡量自我成就需求的满足状态：工作价值认同感、工作成就感、工作发展前景、个人未来前途。

### 4. 社会质量

社会质量的研究主要关注的不止在于人们（个人）的衣食住行以及教育、卫生、环境等方面的生活条件，更在于社会结构的协调、制度协同和社会群体的融合、社会公平状况、社会和谐状况、社会对每个人提供的社会经济保障状况、社会的道德生活和文化生活状况，以及社会参与和社会民主的状况。它主张通过增进社会团结和社会凝聚的力量来促进社会的和谐发展，增进社会质量。

关于生活质量的研究还具有重要的社会政策意义。在国家层面，国家发展规划早已拟定2020年实现全面建成小康社会的发展目标，为了实现这一目标，2015年十三五规划进一步指出，要着力保障民生建设资金投入，全力解决好人民群众关心的教育、就业、收入、社保、医疗卫生、食品安全等问题，保障民生链正常运转。在此宏观政策背景下，中国社会科学院社会发展战略研究院开展了中国城市居民生活质量研究，其主要目标在于描绘中国城市居民的生活质量现状和问题、探索人们对未来生活的期望图景，为社会发展的参与者推进民生建设提供数据和实证资料支持。

2015年中国社会科学院社会发展战略研究院开展了第四次“全国社会态度与社会发展状况调查”。搜集了大量关于物质生活（收入、住房、健康等）、社会情感生活、社会环境等重要生活领域的主观感受的信息，并以该主观感受作为衡量人们生活各方面的水平高低的综合指标。基于此次调研数据资料，并在2012—2014年中国城市居民生活质量研究基础之上，形成了关于2015年度城市居民生活质量的研究报告，跟踪了解中国城市居民生活质量变化、特点及形成因素。

## 二　指标、测量与抽样

人们生活的客观环境和条件深刻影响着人们对自己需求满足程度的感知，本报告中生活质量指标既包括人们欲望或需求得到满足的客观条件即产生幸福感的利益或客观事物，也包含人们欲望或需求得到满足的心理状态，即幸福感或满意感等主观感受。换言之，生活质量指标包括三个内容：（1）人们经济收入、教育程度、职业等客观指标；（2）人们对他们目前的客观生活条件和所处的社会环境的主观感受；（3）人们客观环境和主观感受所形成的心理特征。

### （一）指标与测量

可以从三个角度分析人们的主观感受：一是人们对生活现状的满意度指数，二是人们对未来生活的信心度指数，三是人们当前的心理归属感指数。本报告侧重于分析个人微观生活质量状况，并在此基础之上作出评价和政策建议。本报告中生活现状的满意度和对未来生活的信心度均采用李克特五级量表方法进行测量。

### 1. 满意度指数

本报告在微观个人层次选取了收入水平、住房状况、健康状况、工作状况、生活压力、家庭经济状况、家庭关系、人际关系、社会地位、发展机会十个指标，在宏观社会层次选取了居民收入增长、物价（消费品价格）、住房价格、环境质量、基础设施状况、社会保障、医疗服务、教育水平、治安状况和食品安全十个指标，在两个层次进行综合评判。受访者的主观评价分为“很不满意”“不满意”“一般”“较为满意”“很满意”五个层级，通过累加各题项得分，得到满意度指数得分。

需要说明的是，上述量表的每个题项都是5分制，累加后的得分则会因题项的不同而有差异，每个题项赋分是1分、2分、3分、4分和5分。我们将5分制换算为百分制，在累加后，再除以量表的题项数，这样就换算成了最后得分。

### 2. 信心度指数

本报告在微观个人层次选取了收入水平、住房状况、健康状况、工作状况、生活压力、家庭经济状况、家庭关系、人际关系、社会地位、发展机会十个指标，在宏观社会层次选取了居民收入增长、物价（消费品价格）、住房价格、环境质量、基础设施状况、社会保障、医疗服务、教育水平、治安状况和食品安全这十个指标，在这两个层次进行综合评判。受访者的主观评价分为“变好”“不变”“变差”三个层级，通过累加各题项得分，得到满意度指数得分。

需要说明的是，上述量表的每个题项都是3分制，累加后的得分则会因题项的不同而有差异，每个题项赋分是1分、2分、3分。我们将3分制换算为百分制，在累加后，再除以量表的题项数，这样就换算成了最后得分。

### 3. 归属感指数

本报告在心理层次上选取了对个人未来前途的信任、对朋友的信任、对一般化他人的信任、对社会道德价值观的信任来测量人们心理的归属感。受访者的主观评价分为“很不赞同”“不赞同”“一般”“较为赞同”“很赞同”五个层级，通过累加各题项得分，得到归属感指数得分。

需要说明的是，上述量表的每个题项都是5分制，累加后的得分则会因题项的不同而有差异，每个题项赋分是1分、2分、3分、4分和5分。我们将5分制换算为百分制，在累加后，再除以量表的题项数，这样就换算成了最后得分。

### （二）抽样设计与抽样程序

“全国社会态度与社会发展状况调查（2015）”在国家统计局“六普”数据的基础上建立抽样框，抽取全国直辖市、地级市、县级市中居住在社区（居委会）辖区中的16岁及以上人口为调查对象，并通过问卷调查获得数据，对中国社会发展的总体状况与运行态势进行观测与评估。

#### 1. 目标总体

“全国社会态度与社会发展状况调查（2015）”的目标总体为中国大陆城市居民。此处，“城市居民”的操作性定义为，中国大陆直辖市、地级市、县级市中居住在社区（居委会）辖区中的16岁及以上人口。

#### 2. 抽样方式

调查采取多阶抽样设计，其中县级行政区划（市辖区、县级市）为一级抽样单位（primary sampling unit，PSU），社区（居委会）为二级抽样单位（second sampling unit，SSU），家庭户作为三级抽样单位（third sampling unit，TSU），最终抽样单位（ultimate sampling unit，USU）为个人。

3. **样本量**

在简单随机抽样的条件下，我们可以得到样本量估计的公式（1）：

$$n_{srs}=\frac{u_{\alpha}^{2}p\ (1-p)}{d^{2}} \qquad (1)$$

其中，p 为样本中某一个类别在总体中的比例；$u_{\alpha}$ 为置信度为 $1-\alpha$ 时所对应的分布临界值；d 为样本估值和总体参数之间的差值。根据公式（1），如果我们设定估计区间置信水平为 0.05，绝对误差在 3% 以内，那么对于绝大多数分布的估计而言，我们仅需调查 1000 个样本。

但本次调查并非简单随机抽样，而是多阶复杂抽样，所以我们还必须考虑设计效应（deff）问题。设计效应是指在同等样本规模下，采取复杂抽样所形成的样本方差和简单随机抽样所形成的样本方差之间的比值。设计效应的估计公式为：

$$deff=1+\ (b-1)\ \times roh \qquad (2)$$

b 为从单个群中抽取的样本数量；roh 为群内同质性。

公式（2）表明，从单个群中抽取的样本数量越大，设计效应越大；群内同质性越大，设计效应越大。本次调查抽样方案已经尽可能增大群的数量，降低单个群内的样本数量。但是，在“全国社会态度与社会发展状况调查(2015)”相关问题上，群内同质性估计较强。因此，根据本次调查设计方案，我们估计设计效应为6。因此，考虑设计效应的样本量就是1000×6=6000。

为了获得无偏的参数估值，社会调查必须保证一定水平的应答率。经验的规则是，在抽样调查中，我们至少应保证50%以上的应答率，50%的应答率是底线，70%的应答率就是较好的抽样调查。考虑到调查中的无应答现象，我们需要适当放大抽取样本的规模。我们估计应答率为75%左右，因此考虑无应答现象的样本量为6000÷0.75=8000。考虑到样本分配中的具体情况，最终确定的样本量为8100，即60×9×15=8100。

**4. 抽样框与抽样流程**

（1）第一阶抽样：PSU（市、区）的抽取

本次调查的PSU抽样框来自2010年由国家统计局实施并发布的《第六次全国人口普查（分县）数据》。但考虑到2010年距今已经有5年多，为了校正人口变动的

效应，我们根据“六普”数据中的分性别、分年龄的粗死亡率对2010年人口普查数据中的12岁及以上城镇人口进行死亡率校正，以校正后的数据作为PSU的抽样框（包括1226个PSU），12岁及以上城镇人口作为加权权重。根据抽样设计方案，我们从1226个PSU中，按照PPS的原则，抽取60个PSU（从除新疆维吾尔自治区和西藏自治区之外的地区抽取），经专门编制的Stata程序运行所得的60个PSU分布在24个省市自治区，均值为2.5，样本数量最多的是湖北省（包含5个PSU），样本数量最少的是云南省（包含1个PSU）。

（2）第二阶抽样：SSU（社区居委会）的抽取

本次调查的SSU抽样框来自2010年国家统计局发布的《第六次全国人口普查数据》的原始数据，国家统计局相关部门提供了2010年SSU的户数和12岁及以上城镇人口数。我们根据抽样方案，在SSU抽样框中，利用专门编制的Stata程序，按照PPS原则，在每个PSU中抽取9个社区居委会作为SSU，原则上共抽取540个社区居委会。在实际抽样过程中，由于有的社区居委会人口规模较大，我们进行了分割处理，因此同一个社区居委会可能被重复抽中。最终抽样设计中共涉及533个社区居委会。

(3) 第三阶抽样：TSU（家庭户）的抽取

在本调查中，家庭户包括户籍登记的家庭、集体户以及各类集体居住点。

TSU 样本框来自调查实施单位，主要来源有如下两种情况。

①如果居委会（社区）有现成的户籍资料（可以从居委会或者当地派出所获取），不论其保存形式为电子文档还是纸质文档，抽样员都可以依据户籍资料建立“户样本框”。

②如果居委会（社区）没有现成的户籍资料，抽样员需要会同有关知情人，依据已知的地理信息（如地图、地址簿等），依据地块现场制作“户样本框”。

在 TSU 阶段，我们采用系统抽样法（等距抽样）。具体操作如下。

建立样本框之后，需要根据样本框内的总户数（N）、需要调查的户数（m）以及拒访率估值（r）确定抽样的间距（l）。计算公式是：

$$l = [N \times (1 - r)] / m \quad (3)$$

居内抽户的工作完成后，抽样员和访问员不可更换样本户。如果经多次努力仍然无法调查抽中的样本户，访问员请在《入户情况登记表》中的相应栏目中注明原因，但不可以进行户替代。

为了能够把流动人口纳入本次调查的范围，本次调查 TSU 的抽样采取“以户定人”的原则，即以住户为抽样单元，无论住户内的成员是户籍人口、常住人口还是流动人口，都是本次调查的潜在对象。

（4）第四阶抽样：USU（回答人）的抽取

抽中的家庭户中，所有 16 岁及以上家庭成员构成第四级样本框。在成功入户后，访问员需要借助问卷首页上的 Kish 表从户内成员中抽选出被访者。需要注意的是，对于集中居住点，若总人数小于或等于 10 人，采用 Kish 表进行户内抽样；若人数大于 10 人，则随机抽取集中居住点内的 10 人，再采用 Kish 表进行户内抽样。

①访问员应首先了解这一户中 16 周岁及以上的户内人口数（即问卷中的 S1 题），然后在 Kish 表的第一列“编号”栏中的相应数字上划“○”。

②访问员要按照户内人口的年龄从小到大的顺序将家庭 16 周岁及以上的人口信息填写到表中。请按照实际情况，认真填写性别。

③在此表中，用“编号”确定相应的行，用“问卷编号的个位数”确定相应的列。行列交叉，在相应的交叉的单元格数字上划“○”。这个数字是几，我们就选择表中编号为几的成员进行访问。

例如，如果一户中16周岁及以上的人共有3位，问卷编号的个位数是5，则查找第3行和第5列的行列交叉处，数字为1。将本户所有适合访问的对象按年龄从小到大排序，选择其中处于第1位的成员（即年龄为20岁的男性），即本次调查的访问对象。

如果抽中对象**同意接受访问**，则开始进行问卷访谈。

表2－1　　Kish表进行户内抽人示例

| 编号 | 性别 | 年龄 | 问卷编号个位数 | | | | | | | | | |
|---|---|---|---|---|---|---|---|---|---|---|---|---|
| | 1男2女 | | 1 | 2 | 3 | 4 | ⑤ | 6 | 7 | 8 | 9 | 0 |
| 1 | 1 | 20 | 1 | 1 | 1 | 1 | 1 | 1 | 1 | 1 | 1 | 1 |
| 2 | 2 | 48 | 2 | 1 | 1 | 2 | 1 | 2 | 2 | 1 | 2 | 1 |
| ③ | 1 | 50 | 3 | 2 | 1 | 2 | | 3 | 1 | 3 | 2 | 3 |
| 4 | | | 4 | 1 | 2 | 3 | 3 | 4 | 1 | 2 | 4 | 2 |
| 5 | | | 5 | 4 | 3 | 1 | 2 | 2 | 3 | 4 | 5 | 1 |
| 6 | | | 6 | 5 | 1 | 2 | 4 | 3 | 1 | 4 | 5 | 6 |
| 7 | | | 7 | 1 | 4 | 3 | 6 | 2 | 5 | 3 | 7 | 2 |
| 8 | | | 8 | 4 | 5 | 7 | 1 | 2 | 6 | 8 | 3 | 7 |
| 9 | | | 3 | 8 | 9 | 2 | 9 | 5 | 4 | 6 | 1 | 7 |
| 10 | | | 5 | 8 | 4 | 6 | 1 | 7 | 9 | 10 | 2 | 3 |

如果抽中对象**拒绝接受访问**，访问员应如实在《入户情况登记表》中的“访问失败”——“受访者原因”的相应栏中标明抽中对象的性别，并记录下“失败原因”。

如果抽中对象**因不在家、出国、病重等原因无法接受调查**，可根据当时情况考虑能否约访抽中对象。如不能约访，访问员也应如实在《入户情况登记表》中的“访问失败”——“受访者原因”的相应栏中标明抽中对象的性别，并记录下“失败原因”。

**不管因何种原因而访问失败，访问员都不得在户内替换抽中的被访者**，而应在《入户情况登记表》中注明，然后开始下一户的入户工作。

### （三）抽样权重

本次调查数据中共生成了两个权重变量：抽样权重和事后分层权重。前者用来调整抽样设计当中的多阶段不等概率；后者在前者基础上，进一步进行结构性权重调整，以防止人口结构的偏差。现就两者的生成过程作简要说明。

本次调查的基本抽样设计是多阶段复杂抽样。第一阶是以 PPS 方式抽取出 59 个市区；第二阶是市区内以 PPS 方式抽居委会；第三阶是居委会内以随机方式抽户；第四阶是户内用 Kish 表方式等概率抽人。

样本中每个个案被抽中的概率为：

$$\frac{psu.\ p}{pop.\ p} \times psu.\ n \times \frac{ssu.\ p}{psu.\ p} \times ssu.\ n \times \frac{tsu.\ n}{ssu.\ h} \times \frac{1}{tsu.\ p} =$$

$$\frac{ssu.\ p}{pop.\ p} \times psu.\ n \times ssu.\ n \times \frac{tsu.\ h}{ssu.\ h} \times \frac{1}{tsu.\ p}$$

抽样权重应为上述概率之倒数。我们加权中使用到的数据为：

· pop. p："六普"数据中所有市区居委会中的 16 岁及以上人口数。根据抽样框可以计算出这一数字为 616432389 人。

· ssu. p：被抽中的居委会中 16 岁及以上人口数。这一数据多数来自于"六普"数据。但在广西壮族自治区钦州市钦北区执行过程中，居委会变动非常大，已经不能从"六普"数据中得到相应居委会的户数资料，因此按照实际执行中收集到的户数资料进行了近似估计。我们先按"六普"资料计算了钦州市钦北区每户中 16 岁及以上人口数平均为 3.18 人，然后按照实际执行中收集到的户数资料乘以 3.18 人估计其居委会中 16 岁及以上人口数。

· psu. n：抽中的市区数。本次抽样设计中抽取 60 个市区，实际执行中由于福建漳州龙海市操作困难，实际执行了 59 个市区的调查。故而这一数字为 59。

· ssu. n：每个市区中抽中的居委会数。本次抽样设计中每个市区抽取 9 个社区，在实际执行中由于居委会人口数不一，多数市区中抽取 9 个社区，部分市区有所调整。

· ssu. h：被抽中的居委会中的户数总数。这一数据多数来自“六普”数据。但在广西壮族自治区钦州市钦北区执行过程中，居委会变动非常大，已经不能从“六普”数据中得到相应居委会的户数资料，因此按照实际执行中收集到的户数资源进行了更新。

· tsu. h：每个居委会中抽取到并且成功访问的户数。

· tsu. p：被抽中的户中的 16 岁及以上家庭人口数。

为了使数据中的性别比更为接近总体的性别比，我们还用 rake 方法进行了加权修正。“六普”数据中，男性比例为 51. 27%，女性比例为 48. 73%。这样，便又生成一个对性别结构进行调整后的权重 rake。加权之后的性别比和“六普”一致。

## 三　2015 年生活质量总体水平

统计结果显示，2015 年中国城市居民生活满意度分值为 65.38 分，城市居民对总体生活现状基本满意。2015 年城市居民的总体信心度分值为 84.85 分，城市居民对未来总体生活状况有较大的信心。2015 年度城市居民的心理信任度分值为 61.84 分。总体上，人们对未来生活的信心度远高于人们对生活现状的满意度，人们对生活现状的满意度显著高于人们内心的信任度或安全感。

与 2014 年统计结果相比较，2015 年城市居民生活满意度和信心度均有所提升，总体上，人们对生活现状更为满意，对未来生活更充满信心。本报告将生活状况划分为宏观社会质量、微观个人生活两个层次。统计结果显示，人们对宏观社会质量状况满意度为 62.35 分，人们对微观个人生活状况满意度为 68.40 分；人们对宏观社会质量的信心度为 83.62 分，对微观个人层次生活状况的信心度为 86.08 分。总体上，人们对个人生活状况的满意度和信心度都显著高于对社会质量的满意度和信心度，这一结果对国家、政府和社会团体等力量开展社会建设提出了更高的要求。

**不难看出，人们内心的感受明显差于人们对个人生活和社会发展的各项指标的评价，这提出了应采取措施解决人们的精神生活水平显著滞后于物质生活水平的问题这一课题。**

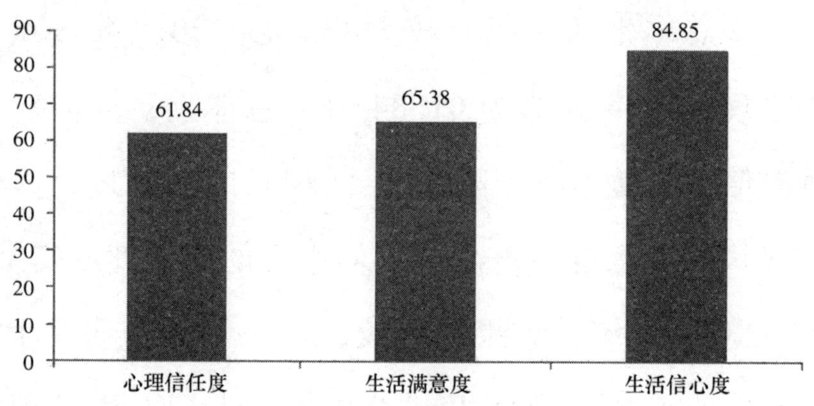


图 3－1 生活质量指标均值分布（分）

### （一）人们对宏观社会质量的评价

2015 年中国城市居民对宏观层次社会质量的满意度低于对个人微观生活的满意度，其满意度分值为 62.35 分，这提出在国家战略层次上开展社会建设和社会发展的要求。在宏观层次各生活领域，受访者生活满意度从低到高依序为住房价格、物价水平、食品安全、医疗服务、收入增长、社会保障、环境质量、教育水平、治安状况、基础设施（见图3-2）。

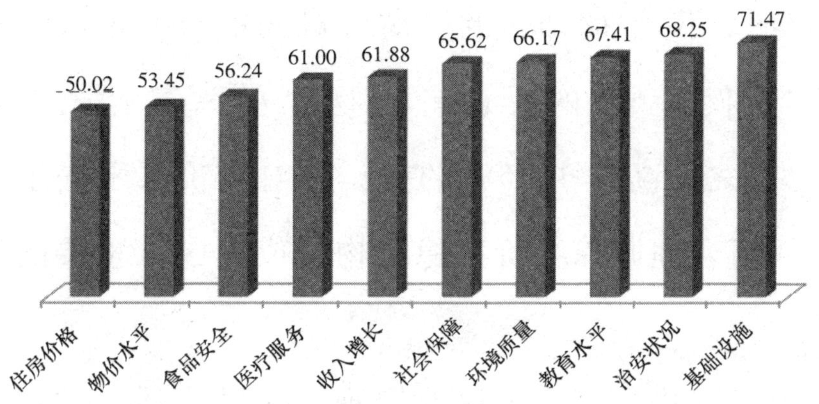


图3-2　宏观层次生活质量的满意度分布（分）

统计结果显示，其中受访者的“住房价格”成为障碍受访者生活质量水平的首要问题。接近半数的受访者表示对“住房水平”不满意，其中，48.9%的受访者表示对住房价格表示不满意，28.7%的受访者表示住房水平“一般”，22.3%的受访者表示“满意”。居有所屋是社会稳定、家庭和谐的重要基础，这一结果表示住房市场价格高严重而普遍影响了人们的生活质量，国家有必要依据相关政策进行调控。

其次，“物价水平”是障碍受访者对当前生活满意度的重大问题。具体而言，14.7%的受访者对物价水平表示“非常不满意”，31.9%的受访者对物价水平表示“比较不满意”，30.3%的受访者对物价水平表示“一般满意”，仅有18.5%的受访者对物价水平表示“比较满意”，仅4.6%的受访者对物价水平表示“非常满意”。总之，高达46.6%的受访者对物价水平表示不满意，如何合理调控物价、稳定物价成为国家重要的经济任务。

2015年中国城市居民对宏观层次社会质量的信心度较高，其信心度分值为86.08分。在宏观层次各生活领域，受访者对社会质量的信心度分值从低到高依序为物价水平、住房价格、食品安全、医疗服务、环境质量、社会保障、收入增长、教育水平、治安状况、基础设施（见图3-3）。其中，住房价格由第一名降为第二名，表示人们对“住房价格”改善的信心有所提升，这是国家采取有力的宏观调控政策的积极效果。医疗服务、社会保障和教育水平三者的排名均提升了一个名次，表明人们对这三个领域公共服务的信心度有所下降，也提出了在医疗、社会保障和教育领域提供更为优质、便捷服务的要求。

统计结果显示，受访者对“物价水平”在未来三年变好的信心不足，17.5%的受访者认为会“变差”，42.8%的受访者认为“没变化”，39.7%的受访者认为会“变好”。其次，受访者对未来三年“住房价格”变化的信心也明显不足，其中60.9%的受访者认为会“变差”或“不变”，40.4%的受访者认为会“变好”。

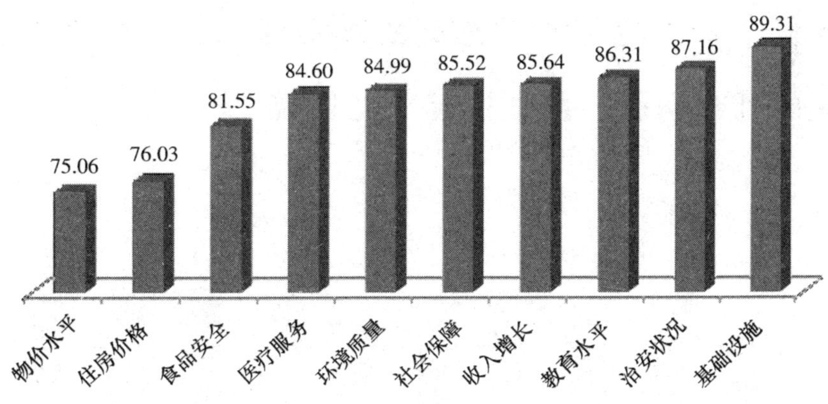


**图3-3　2015年宏观社会质量层次的信心度分布（分）**

## （二）人们对个人微观生活质量的评价

2015年中国城市居民对微观生活基本满意，满意度分值为68.40分。在微观层次各生活领域，受访者生活满意度从低到高依序为个人收入、生活压力、住房状况、发展机会、家庭经济、社会地位、工作状况、健康状况、人际关系、家庭关系（见图3－4）。与2014年相比，受**访者对“个人收入”状况的不满意度有所强化，其成为障碍受访者个人生活质量的首要问题**。

在个人生活状况指标中，“生活压力”按照从低分到高分的顺序排第二位，该题器的分值显著低于其他题器。然而，2014年统计结果显示，“生活压力”的得分在各项得分中排列最后位。**这说明，生活压力问题仍然是障碍人们个人生活现状满意度的重要问题，并可能发展为普遍的社会问题，亟须引起关注重视**。

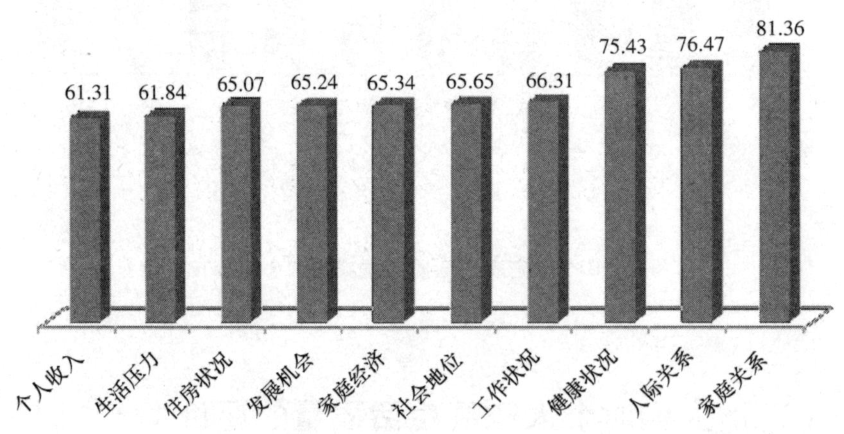


图3－4 微观个人生活层次的满意度分值（分）

2015年中国城市居民受访者对未来生活状况充满信心，信心度分值为86.08分。在微观层次各生活领域，受访者生活信心度从低到高依序为生活压力、住房状况、社会地位、工作状况、健康状况、发展机会、个人收入、家庭经济、人际关系、家庭关系（见图3－5）。其中，人们对“生活压力”未来变好最不乐观。这一统计结果提出了改进人们心理层次的健康问题的新要求，也指出了心理层次健康改善的困难，更需要长时间的资源投入。其次，受访者对“住房状况”在未来得到改善的前景较为不乐观。

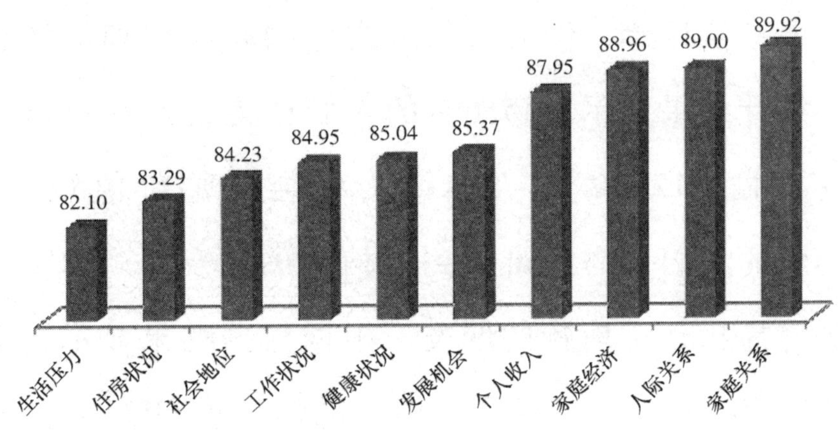


**图3－5　微观个人生活层次的信心度分值（分）**

中国社会结构的特征是“关系型”社会，社会学家费孝通提出“差序格局”的概念来描绘中国社会的基本结构，在中国社会家庭的意义超越了个体。中国社会具有“个人—家庭—社会”的三级模式，不同于西方社会“个人—社会”的两级结构特征。统计结果显示，家庭关系和人际关系是人们获得生活安全感、满意感和信心感的重要来源，也为中国社会稳定发展提供了坚实的社会基础。

### （三）人们对内在心理的归属感评价

人们的心理层次的信任度分值为61.84分。具体而言，人们对个人前途与发展的信心分值为68.70分；对陌生人有信任感，但对人与人之间的联结感和信任感不足。统计结果显示，45.6%的人们认为目前社会道德价值观模糊，12.2%的人们认为社会道德价值观清晰。37.5%的人们认为很难找到可信赖的朋友，25.2%的人认为容易找到可信赖的朋友。根据数据结果显示，中国城市居民的心态结构中人们深度的信任感和联结感缺失，内心的孤独感和与社会失去联系的焦虑感问题较为突出。

统计结果显示，人们对生活的满意度与信心度（r = 0.332，Sig = 0.000）、满意度与信任度（F = 0.205，Sig = 0.000）、信心度与信任度（F = 0.165，Sig = 0.000）均有着显著的正相关关系。这反映了人们心理健康程度、个人生活水平和社会质量是相互联系的有机体，从宏观、微观到心理三个层次提高人们生活质量均有助于改善人们整体生活质量。

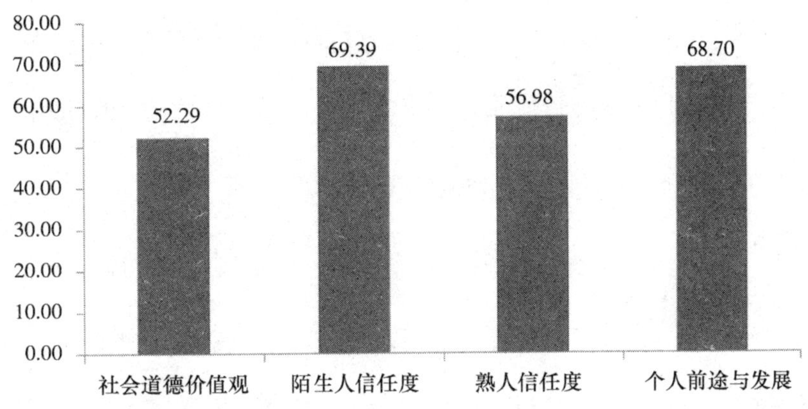


图 3－6　2015 年人们心理信心度分布（分）

## 四　分社会自然特征生活质量水平差异

### （一）分省份比较

人们生活满意度和信心度均存在显著的省际差异。省际差异性超过区域性差异，使得以“省”作为重要的空间单位成为相对独立的生活质量空间。统计结果显示（图4-1），在满意度子量表上，北京、湖北、云南三省市的满意度较低，其中北京市人们的生活满意度最低（分值为55.75分）；山东、天津、浙江三省的生活满意度较高，其中浙江省人们生活满意度最高（分值为75.66分）。

人们在宏观层次的满意度（均值为68.40分）低于人们在微观层次的满意度（分值为62.35分）。北京市人们在宏观层次的满意度（分值为50.53）、微观层次的满意度（分值为60.96分）均为最低，显著低于同样经济发达的长三角、珠三角地区。浙江省人们在宏观层次的生活满意度最高（分值为73.77分），天津市人们在微观层次的生活满意度最高（分值为79.04分）。

人们对宏观层次的满意度高于对微观层次的满意度，但两者满意度不一致存在着显著的省份差异（见图4-2）。

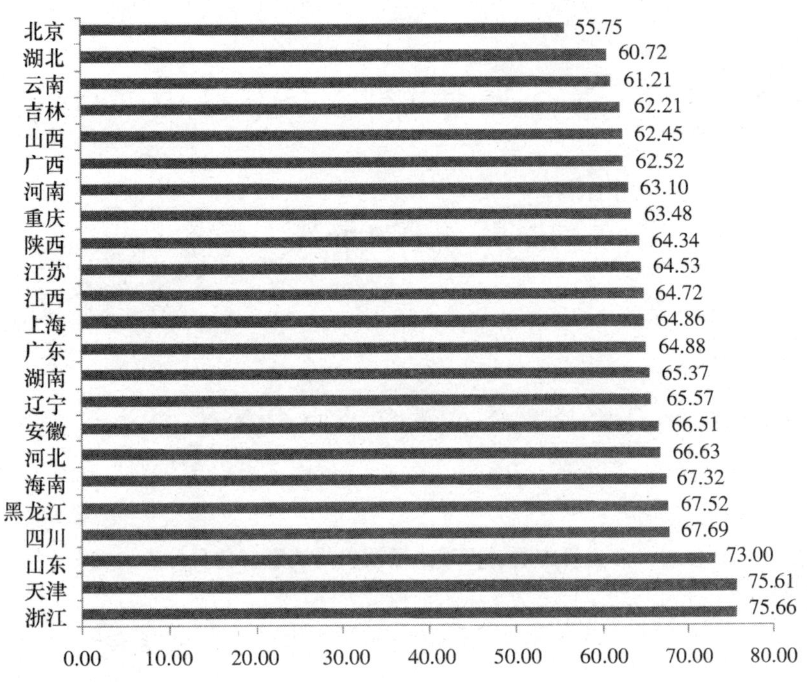


**图4－1　分省份生活质量满意度分布（分）**

其中北京市人们对宏观、微观生活质量的感受差异度最大（分值为10.43分），陕西省人们对宏观、微观生活质量的感受差异度最小（分值为1.50分）。

统计结果显示（见图4－3），在信心度子量表上，江西、陕西、云南三省的信心度较低，其中江西省受访者对未来生活发展变化的信心度最低，信心度均值分别为76.07分、77.94分、81.38分；山东、天津、河南三省对未来生活发展变化的信心度最高，信心度均值分别

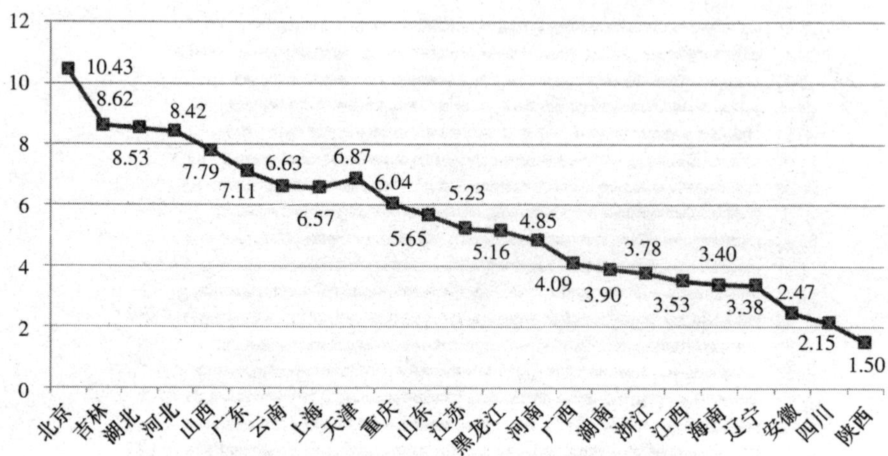


图4－2 分省份宏观、微观生活质量的满意度差异分布（分）

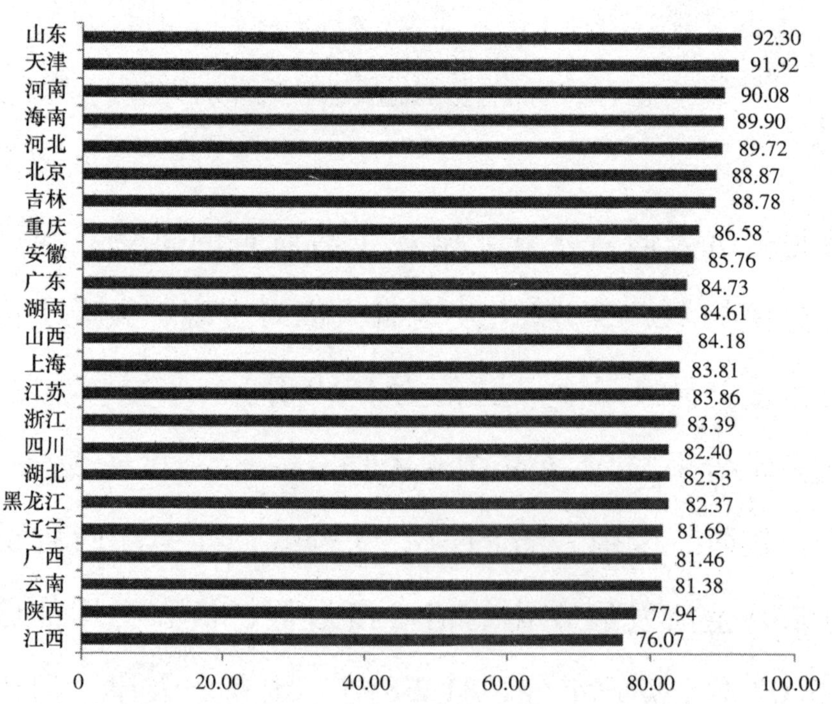


图4－3 分省份人们对未来生活信心度分布（分）

为92.30分、91.92分、90.08分。人们在宏观层次的满意度（均值为68.40分）高于人们在微观层次的满意度(均值为65.38分)。北京市人们虽然对生活现状的满意度均为最低，但对未来生活改变仍有较大的信心，信心度排名第六位。

在大多数省份，人们对生活质量的宏观层次改善的信心度明显低于个体微观层次改善的信心度，各省份宏观、微观信心度不一致的程度存在着显著差异（见图4-4)。宏观、微观层次信心度的差距说明人们对个人未来综合发展的信心和动力，在微观层次上反映了城市的发展活力状态。其中，广东省人们对宏观、微观生活质

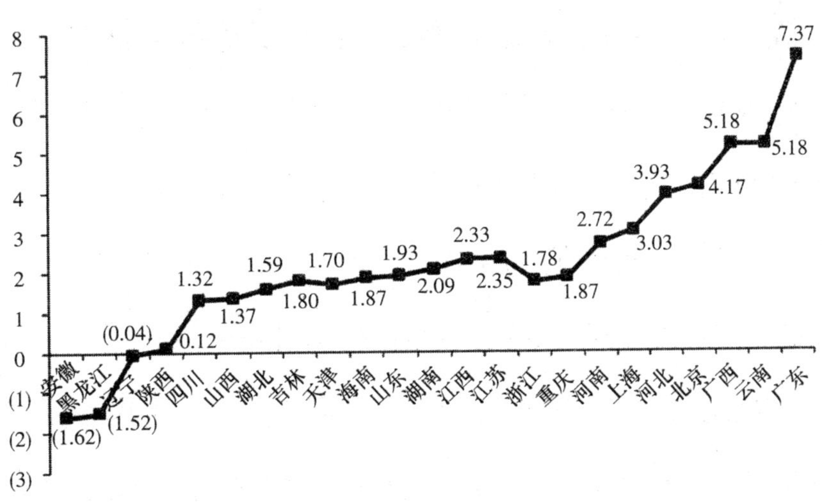


图4-4 分省份对未来生活信心度宏观、微观层次差异分布（分）

量的感受差异度最大（分值为 7. 37 分），辽宁省人们对宏观、微观生活质量的感受差异度最小（分值为 0. 04 分）。虽然北京市人们对生活现状的满意度最低，但对未来生活特别是个人未来生活改善的信心度比较高，排列第四位。

### （二）分年龄与性别

人们生活满意度和信心度呈现出明显的年龄组差异。36—45 岁年龄组人们的生活现状满意度最低（均值为 64. 57 分），其次为 26—35 岁年龄组，生活满意度有 U 形曲线的趋势，也就是“中间低、两头高”的状态。

从家庭生命周期看，26—35 岁正值个人事业发展和建立新核心家庭的生命周期，面对家庭和生活的双重挑战。在各年龄组中，26—35 岁年龄组人们生活压力感最大（满意度均值为 59. 64 分），远低于 66 岁以上的老年人群体（满意度均值为 73. 76 分）。除了健康状况和个人收入的满意度，26—35 岁年龄组人们在家庭经济、发展机会、社会地位、家庭关系、人际关系、住房状况等方面的满意度均为最低，反映出青年群体在社会结构中处于被极大的经济和社会压力挤压的生存状态。

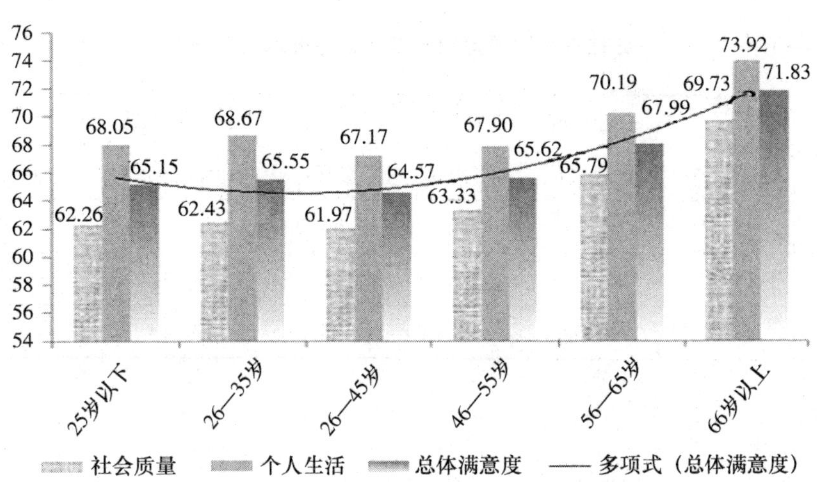


图 4－5　分年龄组人们对生活现状满意度的差异分布（分）

分性别看，男性和女性对生活现状的满意度无显著差别，但女性对宏观层次生活质量即社会改善和国家发展的信心度显著高于男性。

统计结果显示（见表 4－1），虽然女性受访者对生活现状的满意度分值（68.34 分）低于男性受访者（68.47 分），据卡方检验两者区别不显著（F＝1.116；Sig＝0.291），换言之，人们对生活现状的满意度无明显区别。据卡方检验结果（F＝5.4；Sig＝0.020），女性和男性对个人生活改善的信心度有明显区别。

表 4-1　分性别生活质量满意度和信心度均值分布　单位：分

| | 信心度 | | | 满意度 | | |
|---|---|---|---|---|---|---|
| | 宏观层次 | 微观层次 | 总体 | 宏观层次 | 微观层次 | 总体 |
| 男 | 83.57 | 85.87 | 84.72 | 63.23 | 68.47 | 65.85 |
| 女 | 84.20 | 86.27 | 85.23 | 62.86 | 68.34 | 65.60 |
| 总计 | 83.91 | 86.08 | 85.00 | 63.03 | 68.40 | 65.72 |

### （三）分婚姻状态、宗教信仰

分宗教信仰来看，宗教信仰显著提高了人们的生活信心度。有宗教信仰的受访者对生活满意度显著低于无宗教信仰的受访者；有宗教信仰的受访者对生活的信心度明显高于无宗教信仰者。特别是，有宗教信仰的人们虽然对社会质量的满意度显著低于无宗教信仰者，但是他们对社会发展的信心度均值高于无宗教信仰的人们，而且有宗教信仰的人们对个人发展变化的信心度显著高于无宗教信仰者。在某个程度上，宗教成为化解社会不满和社会冲突的制度渠道。

统计结果显示（见表 4-2），有宗教信仰者对生活现状满意度（分值为 64.53 分）低于无宗教信仰者对生活现状的满意度（分值为 65.81 分），据卡方检验结果两者有显著区别（F = 8.137，Sig = 0.004），换言之，有宗教信仰者对生活现状的满意度显著低于无宗教信仰者。根据宏观、微观各项指标比较，有宗教信仰者在空气质量、环境质量、垃圾处理、住房状况、治安状况、社会公平公正等方面的满意度显著低于无宗教信仰者。有宗教信仰者对未来生活的信心度（分值为86.27分）高于无宗教信仰者对未来生活的信心度（分值为84.90分），据卡方检验结果两者有着显著性区别（F = 10.603，Sig = 0.001），换言之，有宗教信仰者对未来发展更加积极、乐观和充满信心。

**表4-2　分宗教信仰生活质量满意度和信心度均值分布**　单位：分

| | 信心度 | | | 满意度 | | |
|---|---|---|---|---|---|---|
| | 宏观层次 | 微观层次 | 总体 | 宏观层次 | 微观层次 | 总体 |
| 有宗教信仰 | 84.47 | 88.06 | 86.27 | 61.11 | 67.94 | 64.53 |
| 无宗教信仰 | 83.88 | 85.92 | 84.90 | 63.18 | 68.45 | 65.81 |
| 总计 | 83.92 | 86.08 | 85.00 | 63.02 | 68.41 | 65.72 |

分婚姻状态来看，离婚状态的人们对未来生活的信心度最差，而同居状态的人们对生活现状的满意度最差。从宏观、微观各项指标看，离婚状态的人们对生活质量的多数指标的满意度均低于其他状态。

统计结果显示（见表4－3），离婚状态的人们对个人生活现状的满意度和信心度均远低于其他群体和总体平均值，特别表现在个人经济、工作压力、家庭关系、人际关系等方面，可能原因是离婚给离婚者带来了不良的情绪和心理压力，进而影响其生活态度和质量。

表4－3 分婚姻状态生活质量满意度和信心度均值分布 单位：分

| | 信心度 | | | 满意度 | | |
|---|---|---|---|---|---|---|
| | 宏观层次 | 微观层次 | 总体 | 宏观层次 | 微观层次 | 总体 |
| 未婚单身 | 62.11 | 67.89 | 65.00 | 83.13 | 87.66 | 85.40 |
| 同居 | 61.80 | 66.20 | 64.00 | 80.86 | 84.05 | 82.46 |
| 已婚 | 63.30 | 68.68 | 66.00 | 84.16 | 85.75 | 84.95 |
| 离婚 | 59.14 | 64.71 | 61.93 | 83.50 | 83.79 | 83.64 |
| 丧偶 | 67.59 | 69.64 | 68.62 | 86.78 | 84.26 | 85.52 |
| 总计 | 63.03 | 68.43 | 65.73 | 83.93 | 86.10 | 85.02 |

### （四）分收入层次、教育水平

分收入层次看，收入水平与生活满意度呈正相关关系，收入水平与未来生活信心度呈负相关关系。换言之，收入越高对生活满意度越高，收入越高对生活改善的信心度却越低。这主要是由于当前社会设施等宏观社会环境的发展水平与高收入群体的期待存在明显差距。

按照家庭人均收入划分为低收入、中等收入和高收入三个群体，所占百分比分别为 40.8%、49.5% 和 9.6%。统计结果显示（见表 4-4），低收入群体对未来生活充满信心，特别是宏观社会质量层次的各项社会保障的信心度显著高于中等收入和高收入群体。高收入群体对宏观社会发展的信心明显不足，中等收入和高收入群体的不满主要表现在三个主题上：社会和谐、社会治安等社会稳定状况，空气、水和环境质量状况，教育、医疗等公共服务水平。

**表 4-4　分收入人们生活质量满意度和信心度均值分布**　单位：分

| | 信心度 | | | 满意度 | | |
|---|---|---|---|---|---|---|
| | 宏观层次 | 微观层次 | 总体 | 宏观层次 | 微观层次 | 总体 |
| 低收入 | 85.21 | 85.92 | 85.56 | 63.14 | 66.98 | 65.06 |
| 中等收入 | 83.08 | 85.47 | 84.27 | 63.57 | 69.50 | 66.53 |
| 高收入 | 82.21 | 86.08 | 84.15 | 66.74 | 73.40 | 70.07 |
| 总计 | 83.86 | 85.71 | 84.79 | 63.70 | 68.85 | 66.28 |

统计结果显示，收入水平与微观层次各项满意度指标表现出显著的正相关关系（见图 4-6），相关系数为 0.127（Sig. =0.000），换言之，经济收入成为显著影响

人们生活各个方面的因素，经济收入越高，人们的满意度越高。

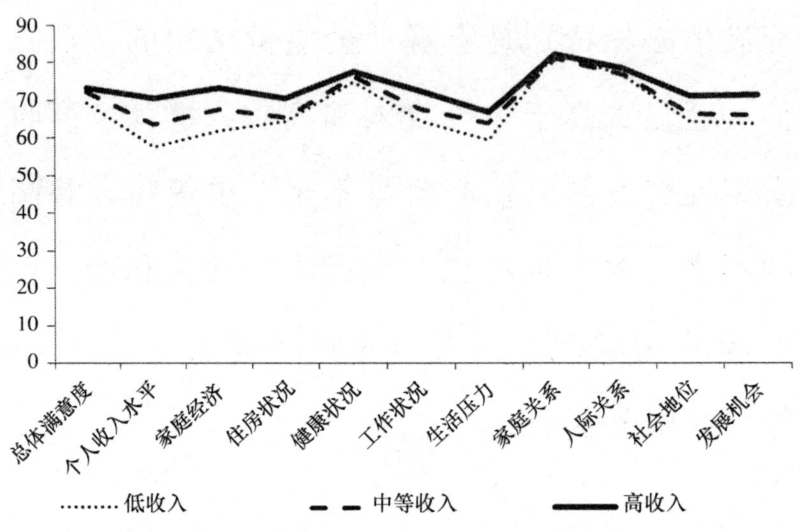


图4－6　分收入人们收入水平与生活质量满意度分布（分）

分受教育程度看，受教育水平和生活质量满意度存在显著正相关关系，受教育水平越高，对生活满意度越高；受教育水平与人们生活信心度存在负相关关系，即受教育水平越高，对未来生活的信心度越低，但主要是对社会宏观发展的信心不足。

统计结果显示（见表4－5），受教育水平在微观层次与生活满意度存在负相关关系（r＝－0.038，Sig.＝

0.01)，受教育水平越高，对个人生活现状越不满意，可以说人们受教育程度越高，对自己的教育回报越不满意。人们受教育水平越高，对社会宏观层面的变化发展的信心越不足（r = -0.025，Sig. =0.05）。总体上，受教育水平越高，人们对个人现状更为不满，又对依赖社会改革改善自己状况的信心不足，激化了人们的社会排斥感和失望感。

**表4-5　分受教育程度人们生活质量满意度、信心度均值和相关性分布** 单位：分

| | 信心度 | | | 满意度 | | |
|---|---|---|---|---|---|---|
| | 宏观层次 | 微观层次 | 总体 | 宏观层次 | 微观层次 | 总体 |
| 初中及以下 | 63.82 | 67.65 | 65.74 | 85.33 | 86.00 | 85.67 |
| 高中或中专 | 62.90 | 67.98 | 65.44 | 83.41 | 85.59 | 84.50 |
| 大专及以上 | 62.58 | 69.52 | 66.05 | 83.26 | 86.67 | 84.97 |
| 教育水平相关性 | -0.025* | 0.013 | -0.071** | 0.025* | -0.038** | 0.066** |
| 总计 | 63.05 | 68.41 | 65.73 | 83.90 | 86.07 | 84.98 |

注：**表示在0.01水平（双侧）上显著相关，*表示在0.05水平（双侧）上显著相关。

总体上，满意度和信心度之间存在显著的正向相关关系，也就是人们的满意度越高，人们的信心度越高。受教育程度和收入水平满意度有着显著的正向相关关系，

表现出客观社会地位一致性的结构特征。受教育程度、收入水平与人们生活满意度呈正向相关关系，而与人们生活信心度呈负向相关关系，体现了人们对随着个人文化程度、收入水平提高而社会发展机会、条件等制度环境不能满足人们发展需要的不满意（见表4－6）。

表4－6　生活满意度、信心度、收入水平和受教育程度相关性分布

| | 信心度 | | | 满意度 | | | 受教育程度 |
|---|---|---|---|---|---|---|---|
| | 宏观层次 | 微观层次 | 总体 | 宏观层次 | 微观层次 | 总体 | |
| 宏观层次信心度 | 0.554** | 0.881** | 0.321** | 0.261** | 0.330** | -0.100** | -0.071** |
| 微观层次信心度 | | | 0.143** | 0.320** | 0.256** | -0.007 | 0.025* |
| 总体信心度 | | | 0.263** | 0.330** | 0.332** | -0.060** | -0.025* |
| 宏观层次满意度 | | | | 0.570** | 0.897** | 0.066** | -0.038** |
| 微观层次满意度 | | | | | 0.874** | 0.164** | 0.066** |
| 总体满意度 | | | | | | 0.127** | 0.013 |
| 收入水平 | | | | | | | 0.332** |

注：**表示在0.01水平（双侧）上显著相关，*表示在0.05水平（双侧）上显著相关。

### （五）分参照群体

社会公平、平等是社会进步发展的目标，主观地位是衡量社会平等程度的重要指标。社会学研究中有一个重要概念即“参照群体”，就是人们通过与其进行某种比照以便选取某种立场、态度或行为的群体。它不仅包括了这些具有互动基础的群体，也涵盖了与个体没有直接面对面接触但对个体行为产生影响的个人和群体。许多研究认为，人们的思维和行为决策往往以其他群体的行为模式作为参照。

通过问卷采集人们对自己在社会上的经济与社会地位的自我评价信息。调查显示（见图4－7），35.97%的人们以经济收入作为与他人相比较的标准，27.93%的人们以个人能力作为与他人相比较的标准，11.04%的人们以职业作为与他人相比较的标准，7.00%的人们选择家庭背景作为与他人相比较的标准。自致性的角色能力的重要性远大于先赋性的角色。

人们在与社会上其他人相比的时候，对自己的评价远低于与单位同事和亲友相比时对自己的评价。统计结果显示（见图4－8），与他人相比时，35%的人们认为自己的经济收入更低；与同事相比时，11.7%的人们认为自己的经济收入更低；与相同职业的人相比，16.2%的人们认为自己的经济收入更低；与亲朋好友相比，22.2%的人们认为自己的经济收入更低。

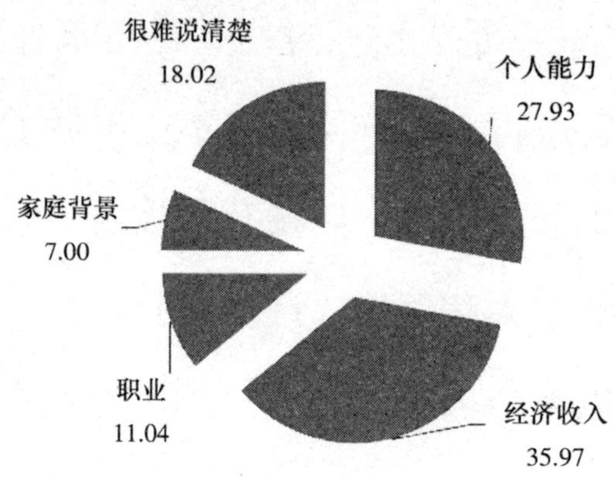


图4-7　与他人相比的参照标准分布（%）

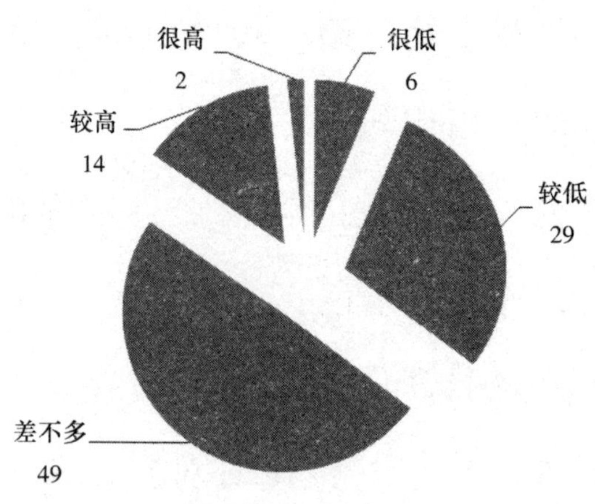


图4-8　与他人相比的经济地位高低分布（%）

在社会地位方面，人们的主观评价表现出更高的一致性。统计结果显示（见图4－9），与他人相比时，23.09%的人们认为自己的社会地位更低，63.36%的人们认为自己的社会地位与他人差不多；与同事相比时，11.7%的人们认为自己的经济收入更低，59.9%的人们认为自己的社会地位与他人差不多；与相同职业的人相比，69.8%的人们认为自己的经济收入更低；与亲朋好友相比，13.1%的人们认为自己的社会地位更低，75.5%的人们认为自己的社会地位与他人差不多。总之，人们的首属群体关系内社会地位具有更高的“地位一致性”特征。

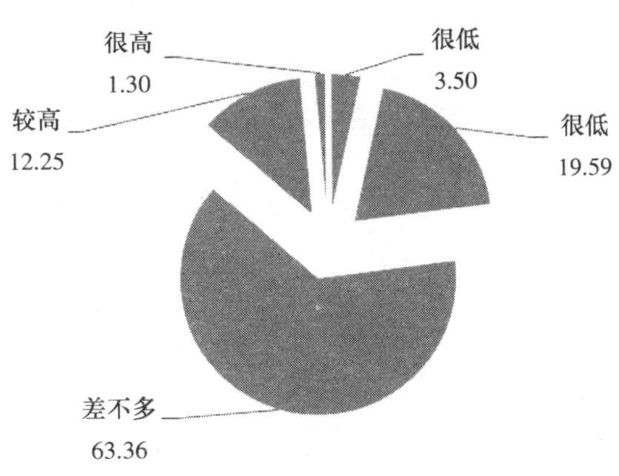


图4－9　与他人相比的社会地位高低分布（%）

2015年人们对经济收入的不公平感较为强烈。统计结果显示（见图4－10），34.04%的人们认为“较不公平”，其财富收入不公平感较为明显，半数以上的人们认为财富和收入分配是不公平的，16.42%的人们认为当前财富和收入分配“很不公平”，38.38%的人们认为当前财富和收入分配是公平的。

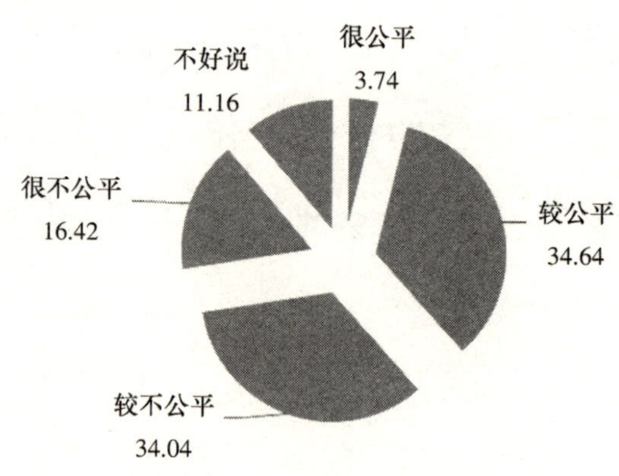


**图4－10 人们对财富和收入的公平感分布（%）**

## 五 “80后”青年群体的生活质量

“80后”青年群体成为劳动力市场的主力军，也是社会发展的重要群体。“80后”群体进入成年阶段，独立工作、组建核心家庭、进入生育期，在新家庭生活和工作生涯的初期，面对住房状况、生活压力、个人收入、住房保障、就业压力等诸多生存问题。

### （一）生活与工作状态

中国房地产市场支撑着中国经济发展，而这些年“房价高”也引发了民众的诸多不满和焦虑。调查结果显示，大多数“80后”青年群体对住房现状的满意度较为“一般”。“80后”群体对住房状况满意度较为一般。数据显示（见表5－1），具体而言，7.9%的青年群体对住房状况表示“很满意”，33.6%的受访者表示“较满意”，37.5%的受访者表示“一般”，14.3%的受访者表示“较不满意”，“6.7%”的受访者表示“很不满意”。从住房保障来看，37.9%的受访者表示“一般”，21.8%的受访者表示“较不满意”，7.9%的受访者表示“很不满意”。比较来看，“80后”青年群体对“住房保障”状况的满意度低于对“住房状况”的满意度，提出了住房保障系统和住房市场双重改革的艰巨任务。

表 5－1　　“80后”群体的满意度　　单位：%

| | 住房状况 | 生活压力 | 个人收入 | 住房保障 | 就业压力 |
|---|---|---|---|---|---|
| 很满意 | 7.9 | 7.1 | 7.2 | 7.8 | 7.8 |
| 较满意 | 33.6 | 20.5 | 24.3 | 24.7 | 25.9 |
| 一般 | 37.5 | 49.9 | 45.9 | 37.9 | 41.4 |
| 较不满意 | 14.3 | 16.1 | 17.8 | 21.8 | 18.0 |
| 很不满意 | 6.7 | 6.2 | 4.7 | 7.9 | 7.0 |

“80后”青年群体对“个人收入”的满意度比较低。其中，45.9%的“80后”青年群体对个人收入的满意度表示“一般”，17.8%的受访者表示“较不满意”，4.7%的受访者表示“很不满意”。

“80后”青年群体表示有较大的生存压力。数据显示，22.3%的受访者表示对“生活压力”状况的“较不满意”或“很不满意”，25.0%的受访者表示对“就业压力”状况的“较不满意”或“很不满意”。这一结果在其他调查中也有体现，如“80后”的生存压力最大，66%的受访者日常最大笔消费是还车贷、房贷，同时，又最讲求享受；当他们获得一大笔奖金时，有 57% 的人会把奖金花在去一个向往已久的地方旅游。

“80 后”群体的住房主要来自市场购买，特别是购买“新建商品房”，并且仍有较大的购买住房的需求。调查数据显示（见图 5 - 1），34. 22% 的受访者选择了“购买新建商品房”，17. 23% 的受访者选择了“租赁住房”，14. 42% 的受访者选择了“自建住房”，10. 47% 的受访者选择了“购买经济适用房”，8. 10% 的受访者选择了“购买原公有住房”，5. 48% 的受访者选择了居住的是“回迁房”。数据显示（见表 5 - 2），在“买房”问题上，29. 4% 的受访者表示“有模糊打算”或“有清晰打算”。

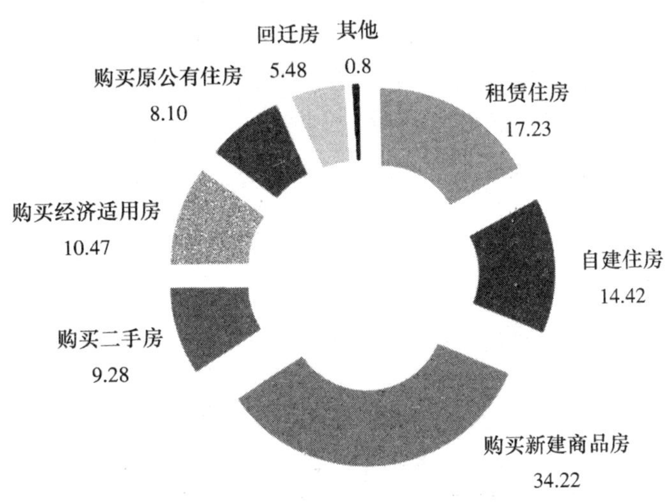


**图 5 - 1　“80 后”群体住房的来源分布（%）**

“80后”群体作为独生子女政策下出生的一代，更具有独立、自我的意识。在未来生活打算上，“80后”青年群体还有较大的汽车消费需求，39.0%的受访者表示在购买汽车一事上“有清晰打算”或“有模糊打算”。

在工作方面，“80后”群体表现出了更为活跃的、积极的个性，有较强烈的职业流动倾向。数据显示（见表5-2），14.5%的受访者表示有“换单位”的清晰打算，27.4%的受访者表示“有模糊打算”。在投资创业方面，38.2%的受访者表示“有模糊打算”或“有清晰打算”。在居住方面，“80后”青年群体表现出了较大的稳定性，仅有6.4%的受访者表示有搬迁到外省市的模糊或清晰打算。

表5-2　“80后”群体未来三年的生活计划　单位:%

| | 买房 | 买车 | 投资创业 | 换单位 | 搬迁外省市 |
|---|---|---|---|---|---|
| 有清晰打算 | 11.2 | 15.1 | 12.7 | 14.5 | 1.8 |
| 有模糊打算 | 18.2 | 23.9 | 25.5 | 27.4 | 4.6 |
| 没有打算 | 59.0 | 52.0 | 47.2 | 43.8 | 67.4 |
| 不敢想 | 7.6 | 5.5 | 6.5 | 4.4 | 7.2 |
| 不曾想过 | 4.0 | 3.4 | 8.1 | 9.9 | 19.1 |

在理财方面，“80 后”青年群体以储蓄为主要理财方式，但也呈现出理财方式多样化的趋势。数据显示（见图5－2），71.0%的受访者表示有“储蓄”，14.7%受访者表示持有“理财产品”，14.1%的受访者表示持有“股票”，9.5%的受访者表示持有“基金”，1.6%的受访者表示持有“国债”。

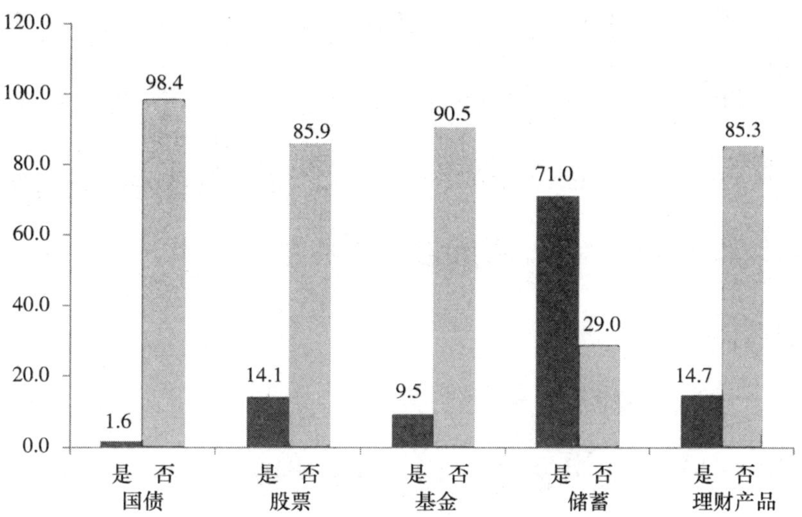


图 5－2 受访者家庭理财状态分布（%）

# 六　社会隔离、社会参与与社会救助

经过过去几十年经济迅速发展和社会人口快速流动，现代人的社会隔离状况愈加明显。这并非中国社会的特殊现象，美国社会学家艾岑（D. Stanley Eitzen）撰写的《社会生活的退化——社会隔离如何影响社会文化》，展现了美国社会生活中，人际交往的隔离现象与之前相比的快速加剧趋势。[①] 随着现代社会日益原子化，各类社会组织成为人们社会生活与社会交往的组织渠道，社会组织是未来中国社会发展的基本内容。

## （一）社会群体关系

调查显示（见表6－1），18.49%的受访者认为“老板与员工”的关系“很不好”或“比较不好”；41.51%的受访者认为“穷人与富人”的关系“很不好”或“比较不好”；22.34%的受访者认为“城市人与农村人”的关系“很不好”或“比较不好”；10.67%的受访者认为

① D. Stanley Eitzen，“The Atrophy of Social Life：How Social Isolation is Affecting Society”，Society September 2004，Volume 41，Issue 6，pp. 12－16.

“汉族与少数民族”的关系“很不好”或“比较不好”；14.00%的受访者认为“信教者与不信教者”的关系“很不好”或“比较不好”；26.76%的受访者认为“干部与群众”的关系“很不好”或“比较不好”；15.94%的受访者认为“本地人与外地人”的关系“很不好”或“比较不好”。不难发现，“穷人与富人”的关系矛盾格外凸显。

表6－1　社会群体关系状况　单位:%

| | 老板与员工 | 穷人与富人 | 城市人与农村人 | 汉族与少数民族 | 信教者与不信教者 | 干部与群众 | 本地人与外地人 |
|---|---|---|---|---|---|---|---|
| 很不好 | 2.54 | 11.37 | 5.01 | 2.35 | 2.93 | 6.37 | 2.89 |
| 比较不好 | 15.95 | 30.14 | 17.33 | 8.32 | 11.07 | 20.39 | 13.05 |
| 一般 | 52.96 | 44.82 | 46.88 | 37.65 | 49.17 | 47.94 | 46.71 |
| 较好 | 24.27 | 10.78 | 26.03 | 39.93 | 29.96 | 20.42 | 30.25 |
| 很好 | 4.28 | 2.89 | 4.75 | 11.75 | 6.88 | 4.88 | 7.09 |

## （二）社会组织参与状况

社区是城市居民重要的基层组织，国家不断加强社区建设，丰富社区文化和社会生活。然而，我们发现居民的社区参与状况较低。调查显示（见表6－2），78.3%的受访者表示“没有”“参加社区举办的活动”，

70.4%的受访者表示“没有”“和邻居面对面谈论社区事务”，75.6%的受访者表示“没有”“向社区居委会提建议或反映问题”，86.7%的受访者表示“没有”“在网络上与业主或邻居交流问题”。

表6-2 社会参与状况 单位:%

| | 参加社区举办的活动 | 和邻居面对面谈论社区事务 | 向社区居委会提建议或反映问题 | 在网络上与业主或邻居交流问题 |
|---|---|---|---|---|
| 有 | 21.7 | 29.5 | 24.4 | 13.0 |
| 没有 | 78.3 | 70.4 | 75.6 | 86.7 |
| 不适用 | 0.1 | 0.1 | 0.1 | 0.4 |

人们不仅较少参与社区活动，而且较少参与社团或各类社会组织的活动。数据显示（见表6-3），87.8%的受访者表示“没有”参与“工会活动”，84.2%的受访者表示“没有”参与“共青团活动”，86.2%的受访者表示“没有”参与“社会团体活动”，93.2%的受访者表示“没有”参与“基金会或民办非企业单位活动”。

调查还显示，与社区社会活动相比，民众的政治参与程度更高。数据显示（图6-1），30.01%的受访者表示参加过社区居委会或村委会的选举，15.24%的受访者表示参与了业主委员会选举，14.12%的受访者表示参与了区县人大代表选举。

表6－3　社会组织活动参与状况　单位:%

| | 工会活动 | 共青团活动 | 社会团体活动 | 基金会或民办非企业单位活动 |
|---|---|---|---|---|
| 有 | 12.0 | 15.1 | 13.7 | 6.8 |
| 没有 | 87.8 | 84.2 | 86.2 | 93.2 |
| 不适用 | 0.2 | 0.7 | 0.1 | 0.1 |

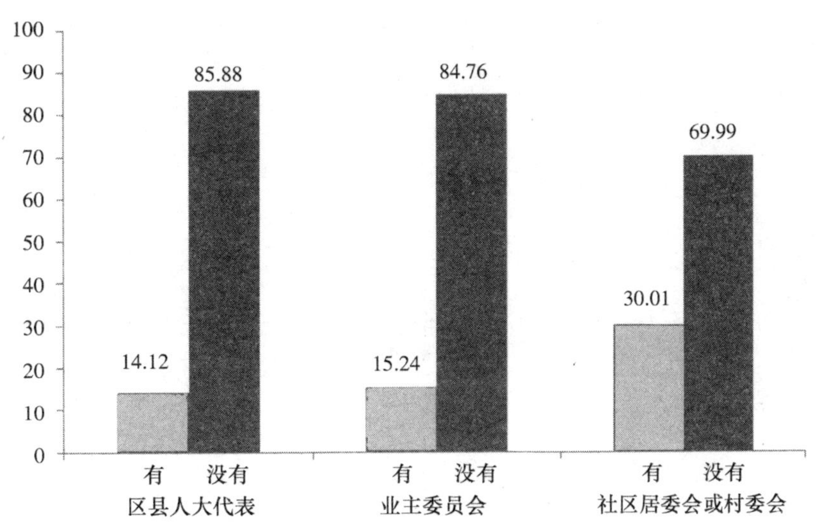


图6－1　政治参与情况（%）

人们的社会组织活动参与的程度较低，满意度也较为一般。数据显示（见表6－4），3.97%的受访者对

“社区公共管理和监督”表示“很满意”，24.06%的受访者表示“较满意”，46.55%的受访者表示“一般”，4.95%的受访者表示“较不满意”，2.54%的受访者表示“很不满意”。6.96%的受访者对“单位的民主管理和监督”表示“较不满意”或“很不满意”，7.44%的受访者对“广泛的社会活动”表示“较不满意”或“很不满意”。

表6-4 社会参与满意度状况 单位：%

| | 社区公共管理和监督 | 单位的民主管理和监督 | 广泛的社会活动 |
|---|---|---|---|
| 很满意 | 3.97 | 4.13 | 5.09 |
| 较满意 | 24.06 | 17.94 | 23.45 |
| 一般 | 46.55 | 40.40 | 47.82 |
| 较不满意 | 4.95 | 5.40 | 5.71 |
| 很不满意 | 2.54 | 1.56 | 1.73 |
| 不适用 | 4.08 | 17.51 | 3.57 |
| 不好说 | 13.85 | 13.06 | 12.63 |

## （三）社会福利设施

随着社会贫富差距扩大，政府有义务提供社会福利设施来保证人们的基本生活。数据显示，51.1%的受访者认为公租房或廉租房“使用方便”，31.9%的受访者认为廉租房使用不方便，还有17.0%的受访者表示“不清楚”。

总体上，大多数居民对福利设施的知晓率比较高，但仍有不少居民不知道。数据显示（见表6－5），57.37%的受访者表示其所居住的城市有“救助站”，65.07%的受访者表示有“农民工子女的中小学”，62.87%的受访者认为有“公益性养老机构”，79.85%的受访者表示有“社区公共卫生服务机构”，52.01%的受访者表示有“就业信息与指导机构”。其中，25.61%的受访者表示不知道是否有“救助站”，20.34%的受访者不知道是否有“农民工子女的中小学”，25.14%的受访者表示不知道是否有“就业信息与指导机构”。

**表6－5　居民对各项社会福利设施的知晓状况**　表示:%

| | 救助站 | 农民工子女的中小学 | 公益性养老机构 | 社区公共卫生服务机构 | 就业信息与指导机构 |
|---|---|---|---|---|---|
| 有 | 57.37 | 65.07 | 62.87 | 79.85 | 52.01 |
| 没有 | 17.02 | 14.59 | 15.67 | 8.85 | 22.85 |
| 不知道 | 25.61 | 20.34 | 21.46 | 11.30 | 25.14 |

## 七　分社会制度安排生活质量水平差异

### （一）分城市与农村

分城乡户籍看（见表 7－1），农业户籍人口生活满意度显著低于非农业户籍人口，农业户籍人口对未来生活的信心度显著高于非农业户籍人口，农业户籍人口对生活的信任度显著高于非农业户籍人口。

一方面，在客观层次上人们的收入水平和受教育程度仍存在城乡户籍性差异，与收入水平的相关系数显著（r＝0.071，Sig＝0.000），与受教育水平的相关系数显著（r＝0.189，Sig＝0.000）；另一方面，在主观层次上人们对生活现状的满意度也存在显著的户籍性差异（r＝0.071，Sig.＝0.000）。最近数年国家加大了对农村、农业和农民反哺的力度，医疗保障、社会保障、土地产权等制度性改革推动城乡一体化和加快农村经济发展，农民对未来生活的信心度显著高于非农业户籍人口。

表 7－1　　分户籍生活满意度、信心度、信任度均值分布　　单位：分

| 户籍 | 信心度 | | | 满意度 | | | 精神生活 |
|---|---|---|---|---|---|---|---|
| | 宏观层次 | 微观层次 | 总体 | 宏观层次 | 微观层次 | 总体 | |
| 农业 | 84.39 | 87.67 | 86.04 | 62.15 | 67.02 | 64.59 | 60.43 |
| 非农业 | 83.74 | 85.42 | 84.58 | 63.45 | 69.01 | 66.23 | 58.86 |
| 总计 | 83.93 | 86.10 | 85.02 | 63.06 | 68.42 | 65.74 | 59.33 |

### 2. 分本地与外地

分本地、外地户籍类型看（见表 7－2），外地户籍人口生活满意度显著低于本地户籍人口，本地和外地户籍人口对未来生活的信心度无显著差别，本地人和外地人对生活的信任感无显著差别。

一方面，在客观层次上人们的收入水平和受教育程度仍存在本地、外地户籍性差异，与收入水平的相关系数显著（r＝0.096，Sig.＝0.000），与受教育水平的相关系数显著（r＝0.056，Sig.＝0.000）。换言之，外地人受教育程度和收入水平均高于本地人。另一方面，在主观层次上人们对生活现状的满意度也存在显著的本地、外地户籍性差异（r＝－0.083，Sig.＝0.000），外地人生活质量满意度显著低于本地人。外地人对未来生活的

信心度均值高于本地人的信心度均值，具体表现为对宏观制度安排的信心度显著低于本地人，而对微观个人层次依赖个人努力而获得改变的信心度显著高于本地人。换言之，外地人对所在城市的社会制度等的信心不足，而对通过个人努力奋斗改善生活质量充满活力和信心。

表7－2　分本地、外籍户口类型人们生活满意度、信心度、信任度均值分布

单位：分

| 户籍 | 满意度 | | | 信心度 | | | 精神生活 |
|---|---|---|---|---|---|---|---|
| | 宏观层次 | 微观层次 | 总体 | 宏观层次 | 微观层次 | 总体 | |
| 本地 | 63.40 | 68.72 | 66.06 | 84.03 | 85.93 | 84.98 | 59.25 |
| 外地 | 60.44 | 66.28 | 63.36 | 83.27 | 87.30 | 85.29 | 59.92 |
| 总计 | 63.04 | 68.42 | 65.73 | 83.94 | 86.10 | 85.02 | 59.33 |

## （三）分居住类型

分居住类型看（见表7－3），购买商品房者在生活满意度、信心度和安全感均显著高于其他群体。回迁房者的生活满意度排名第二位，对宏观社会制度安排的信心度最高（满意度分值为86.07分）。租房者的生活满意度最低，购买原公有住房者的信心度和安全感最差。

表7-3 分住房类型人们生活满意度、信心度、信任度均值分布 单位：分

| | 满意度 | | | 信心度 | | | 安全感 |
|---|---|---|---|---|---|---|---|
| | 宏观层次 | 微观层次 | 总体 | 宏观层次 | 微观层次 | 总体 | |
| 租赁 | 60.98 | 65.39 | 63.18 | 83.41 | 86.25 | 84.83 | 58.53 |
| 自建 | 62.66 | 67.45 | 65.05 | 83.07 | 86.21 | 84.64 | 59.32 |
| 商品房 | 64.32 | 70.93 | 67.62 | 84.23 | 87.15 | 85.69 | 60.19 |
| 二手房 | 63.19 | 67.42 | 65.30 | 84.72 | 85.50 | 85.11 | 59.52 |
| 经济适用房 | 61.53 | 67.95 | 64.74 | 84.41 | 87.67 | 86.04 | 58.47 |
| 原公有住房 | 62.72 | 66.93 | 64.82 | 82.20 | 82.47 | 82.33 | 58.19 |
| 回迁房 | 63.32 | 68.74 | 66.03 | 86.07 | 85.91 | 85.99 | 59.30 |
| 总计 | 63.01 | 68.40 | 65.71 | 83.93 | 86.09 | 85.01 | 59.34 |

# 八　社会公平公正与个人发展

党的第十八届三中全会精神强调了，促进社会公平正义、增进人民福祉是全面深化改革的有力保障。

“80 后”群体离开原生家庭、进入工作岗位对社会的感知日渐直接，大多数受访者在自己的能力、教育背景和工作付出的情况基本相当的情况下，认为个人收入存在较大的不公平。数据显示（见图 8－1），36.17% 的受访者认为“较不公平”，16.30% 的受访者认为“很不公平”，11.13% 的受访者表示“不好说”，32.92% 的受访者表示“较公平”，3.46% 的受访者表示“很公平”。

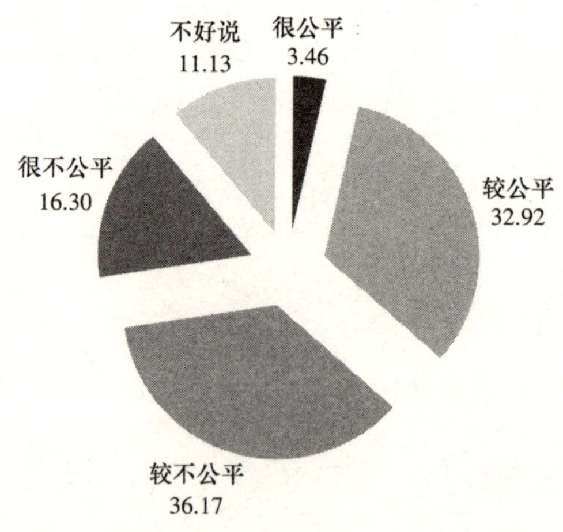


**图 8－1　26—35 岁社会收入和财富分配的公平感分布（%）**

人们普遍认为贫富分化程度愈加扩大。数据显示（见图 8－2），42.85% 的受访者认为贫富分化“有些扩大”，34.00% 的受访者认为贫富分化“大幅扩大”，仅有 16.76% 的受访者认为“没有变化”，5.80% 的受访者认为“有些缩小”，0.59% 的受访者认为“大幅缩小”。

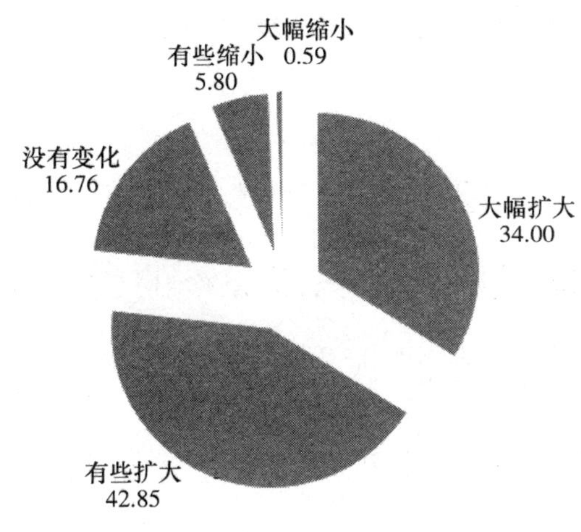


图 8－2 人们对贫富分化程度的主观感受（%）

人们普遍认为老百姓与公务员的社会保障权利的差距有所扩大。数据显示（见图 8－3），39.9% 的受访者认为“有些扩大”，21.2% 的受访者认为“大幅扩大”，26.1% 的受访者认为“没有变化”。显然，这一主观感受也可能成为反映政府与民众矛盾的潜在来源。

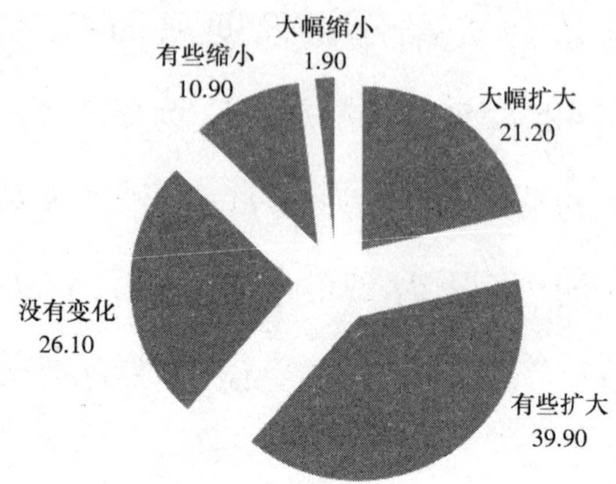


图8－3 老百姓与公务员的社会保障权利的差距的变化趋势（%）

调查显示（见图8－4），私企员工和国企员工的发展机会的差距也有所扩大。39.8%的受访者认为两者的发展机会差距“有些扩大”，12.9%的受访者认为两者的发展机会差距“大幅扩大”，34.6%的受访者认为两者的发展机会的差距“没有变化”。

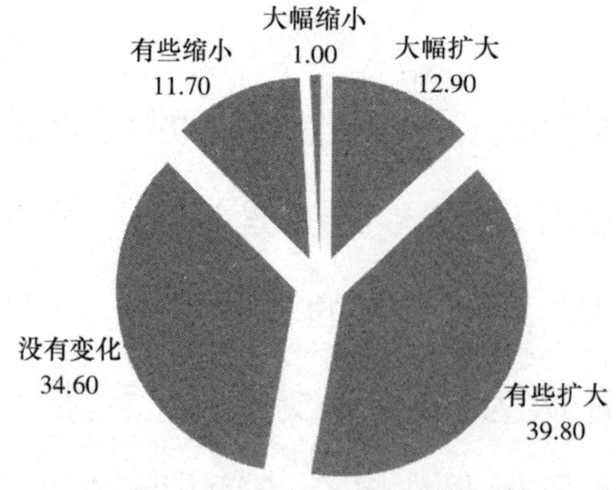


图8－4 对私企员工和国企员工的发展机会的主观感受（%）

从个人发展的影响因素看，大家普遍认为个人能力、个人努力程度和社会关系的影响作用非常大，更为强调自身的努力和素质等自致性因素的重要影响。数据显示（见表8－1），76.00%的受访者认为“缺乏能力与才干”的“影响比较大”或“影响非常大”，75.73%的受访者认为“个人努力不够”的“影响比较大”或“影响非常大”，71.54%的受访者认为“缺乏社会关系”的“影响比较大”或“影响非常大”。

人们对自己的发展前途较为乐观。数据显示（见图8－4）调查对象对“前途渺茫”的看法，28.47%的受访者表示“比较不赞同”，16.03%的受访者表示“完全不赞同”，37.12%的受访者表示“一般”。

**表8－1　影响个人的发展因素分析**　单位:%

| | 缺乏能力与才干 | 运气不好 | 个人努力不够 | 社会偏见与歧视 | 机会不均等 | 缺乏社会关系 | 学历低 |
|---|---|---|---|---|---|---|---|
| 影响非常大 | 30.96 | 9.97 | 34.84 | 13.46 | 19.09 | 31.45 | 25.58 |
| 影响比较大 | 45.04 | 22.83 | 39.89 | 33.10 | 35.51 | 40.09 | 38.59 |
| 影响一般 | 21.30 | 47.32 | 20.36 | 37.18 | 34.97 | 22.57 | 28.08 |
| 影响比较小 | 1.96 | 14.04 | 3.73 | 14.05 | 8.90 | 5.05 | 5.60 |
| 影响非常小 | 0.74 | 5.84 | 1.18 | 2.21 | 1.52 | 0.83 | 2.16 |

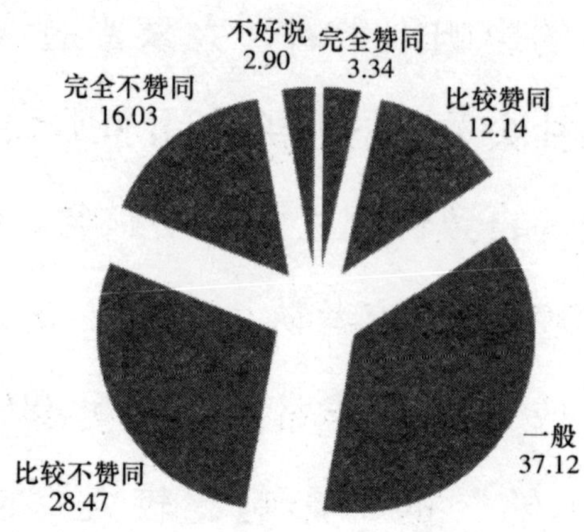


图 8-5 人们对"前途渺茫"的态度（%）

## 九 “互联网+”背景下生活质量

信息化时代的来临，引发了人们社会生活全方位的变革，人们获得信息、社会交往方式和价值观都受到深刻影响。

**1. 人们获取信息的方式发生较大变化，手机移动网络已然成为信息化时代人们获取信息的主要方式之一，特别是以手机为媒介的移动互联网日益普及**

统计结果显示（见图9－1），55.17%的受访者较多使

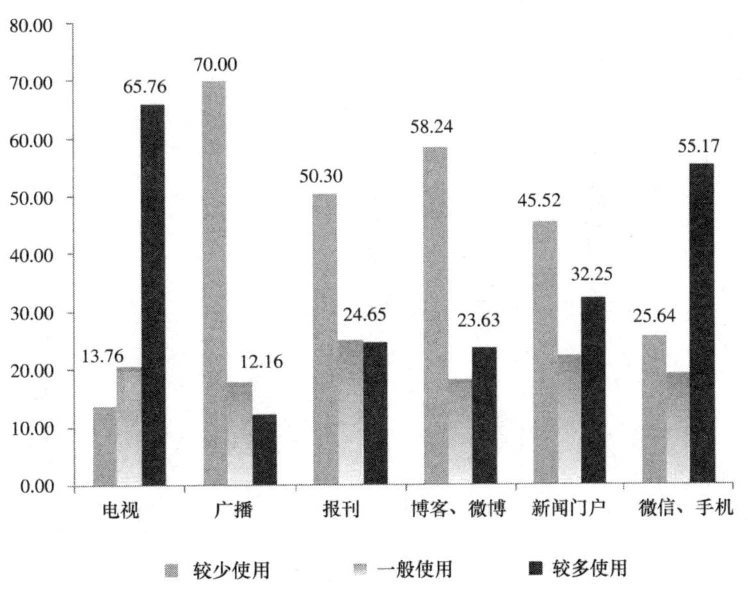


图9－1 人们日常生活的新闻信息获取方式分布（%）

用微信或手机获取信息。调查也发现，电视仍然是人们获取信息的主要方式，65.76%的人们表示较多通过电视获得新闻信息。

**2. 虽然移动互联网成为人们获得信息的主要渠道，但人们对来自互联网渠道信息的信任程度显著低于传统渠道如电视、报刊**

统计结果显示（见图9－2），仅有37.64%的人们对来自微信、手机的信息表示信任，而有66.59%的人们对来自电视媒体的信息表示信任，47.09%的人们对来自报刊的信息表示信任。

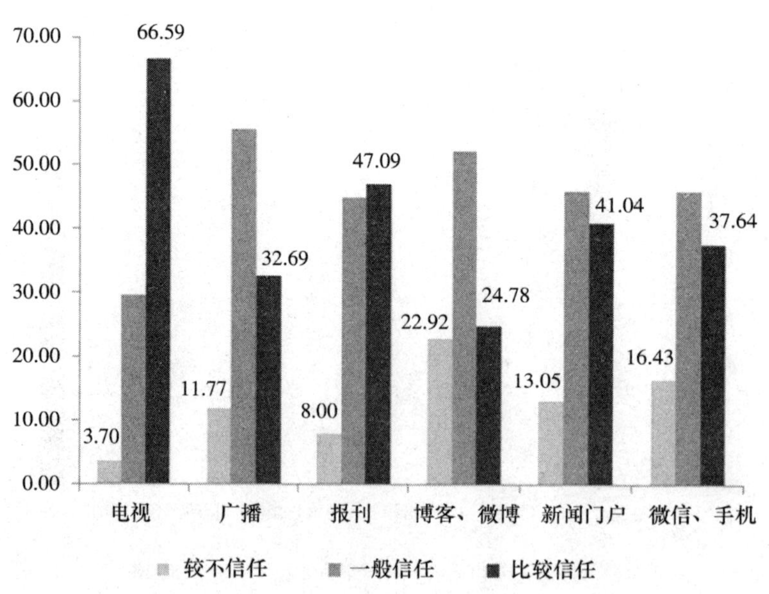


图9－2 人们对信息获取渠道的信任度分布（%）

### 3. 网络已融入城市居民的日常生活，大多数人每天上网时间大于1小时

互联网进入中国已有21年，至今网民数量达6.5亿人，智能手机用户达5亿人，通信网络、互联网、智能手机等设备普及。按照2013年国家工业与信息化部的规划，到2015年，基本实现城市光纤到楼入户、农村宽带进乡入村，固定宽带家庭普及率达到50%。互联网日益融入人们的日常生活。

本次调查了解了人们最近一周使用互联网的情况，让受访者回答“请问最近一周内，您每天使用互联网（包括电脑、手机、移动设备等上网）的情况是怎样的”。统计结果显示（见图9－3），80.55%的受访者或多或少每天上网获得新信息，19.04%的受访者的上网时间在4小时以上。

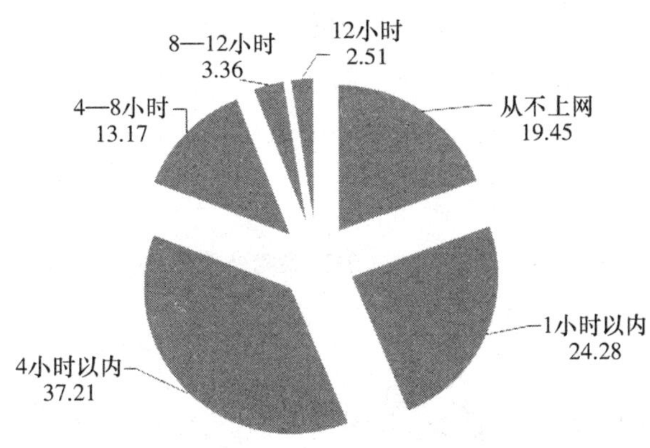


**图9－3　人们使用互联网时间分布（%）**

### 4. 网络使用存在显著的年龄差异，可能导致代际性网络数字鸿沟

网络是年轻人获得信息的最常用方式，而55岁以上老年人群体中“从不上网”者比例高达70%以上（见图9－4）。

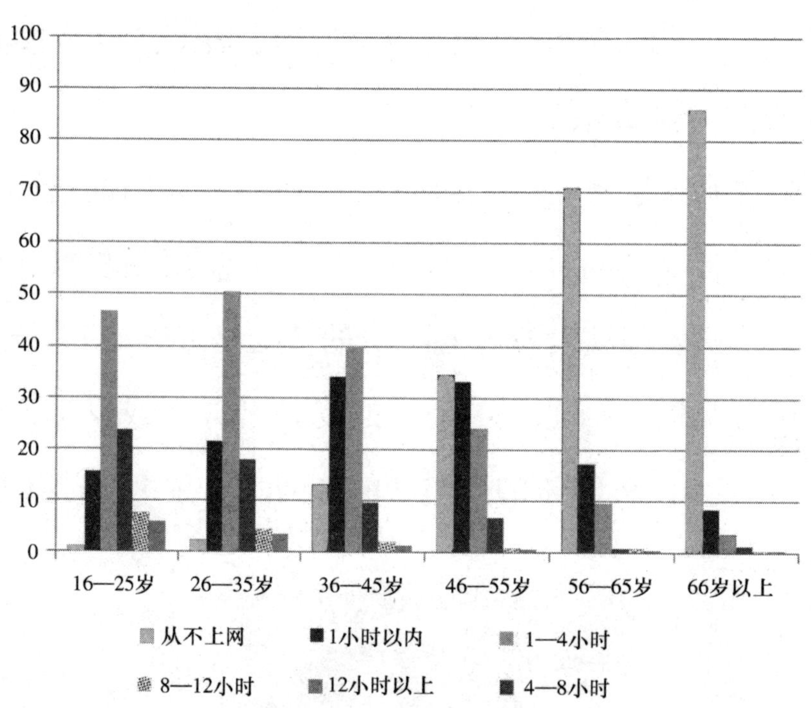


图9－4 分年龄组人们互联网使用时间分布（%）

方差分析结果显示，男性和女性在使用网络时间上不存在明显差异（F＝0.079，Sig. ＝0.779）。不同年龄

组上网时间存在显著的差异（F = 703.649，Sig. = 0.000）。主要是55岁以上老年人上网时间显著低于其他年龄组。人口老龄化已成为中国社会变迁的基本内容，如何使用信息化、网络化方式为老年人提供服务，以及让老年人群体适应信息社会，甚至在信息社会实现自己的价值已成为中国社会面临的现实课题。

**5. 比较各类媒介，“看电视”仍然是最常见的新闻信息来源，但表现出了“老龄化”特征，即越是老年人越是经常地通过看电视以获取信息**

统计结果显示（见表9－1），65.8%的受访者表示经常看电视。各个年龄群体中半数以上受访者表示“经常看电视”以获取新闻信息。56岁以上的老年人中有80%以上表示他们“经常看电视”以获取外界信息，看电视的比率随着年龄增加而升高。

表9－1 分年龄组人们看电视的频率分布 单位:%

| | 较少 | 一般 | 经常 |
|---|---|---|---|
| 16—25岁 | 23.2 | 25.7 | 51.1 |
| 26—35岁 | 15.3 | 23.2 | 61.4 |
| 36—45岁 | 10.7 | 20.7 | 68.6 |
| 46—55岁 | 9.2 | 16.2 | 74.6 |

续表

| | 较少 | 一般 | 经常 |
|---|---|---|---|
| 56—65 岁 | 6. 5 | 12. 7 | 80. 9 |
| 66 岁以上 | 6. 9 | 9. 9 | 83. 1 |
| 总计 | 13. 8 | 20. 5 | 65. 8 |

**6. 人们使用网络的时间与对生活总体满意度、信任度呈负相关，也就是上网频率越高，人们对生活现状的满意度和未来生活的信心度越低**

统计结果显示（见表 9 - 2），“从不上网”受访者的总体满意度分值最高（均值为 68. 02 分），“12 小时以上”受访者的总体满意度最低（均值为 63. 19 分）。上网时间变量与满意度变量呈显著的负向相关关系（r = -0. 091，Sig = 0. 000），上网时间变量与信心度呈显著的负向相关关系（r = -0. 044，Sig = 0. 000）。

由于年龄与上网频率有明显相关关系，采用回归方程模型，控制年龄变量后，上网时间与对生活现状的满意度表现出显著的负向相关关系（B = -0. 482，Sig. = 0. 000），上网时间与对未来生活的信心度表现出负向相关关系（B = -0. 515，Sig = 0. 000）。

表 9-2　按"上网时间"人们生活满意度、信心度、信任度均值分布　单位：分

| | 满意度 | | | 信心度 | | | 安全感 |
|---|---|---|---|---|---|---|---|
| | 宏观层次 | 微观层次 | 总体 | 宏观层次 | 微观层次 | 总体 | |
| 从不上网 | 66.54 | 69.51 | 68.02 | 86.91 | 85.82 | 86.36 | 58.86 |
| 1 小时 | 62.31 | 67.88 | 65.09 | 83.83 | 86.07 | 84.95 | 59.21 |
| 1—4 小时 | 62.38 | 68.50 | 65.44 | 82.91 | 85.81 | 84.36 | 59.01 |
| 4—8 小时 | 61.96 | 67.81 | 64.89 | 82.96 | 86.58 | 84.77 | 60.93 |
| 8—12 小时 | 61.04 | 67.91 | 64.48 | 83.23 | 87.70 | 85.47 | 60.43 |
| 12 小时以上 | 59.92 | 66.46 | 63.19 | 82.49 | 87.43 | 84.96 | 60.07 |
| 总计 | 63.01 | 68.39 | 65.70 | 83.92 | 86.08 | 85.00 | 59.36 |

# 十　生活与消费未来预期

居民消费水平不仅取决于当前收入，而且受收入预期的影响。我们调查了城市居民过去 5 年经济收入和社会地位状况的变化。城市居民经济收入普遍提高，40.44% 的受访者认为其经济收入“提高较多”，6.10% 的受访者认为其经济收入“提高很多”，47.38% 的受访者认为其经济收入变化不大。虽然半数受访者认为经济收入普遍提升，但是人们对“物价水平”的不满意程度较高，物价水平过高也约束了人们的消费（见图10－1）。

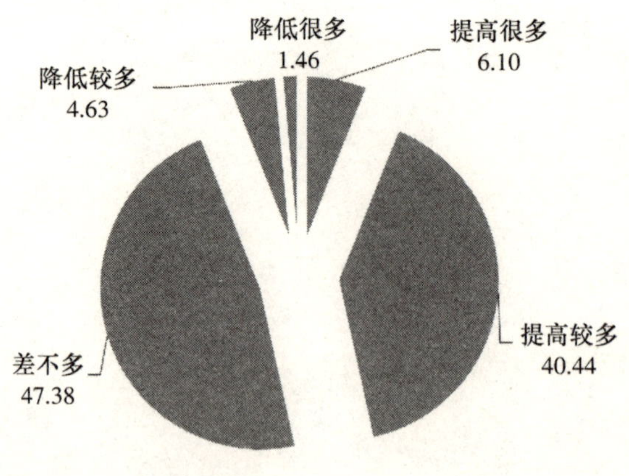


图 10－1　比较过去 5 年“经济收入”变化分布（%）

社会地位是人们在各种社会关系中所处的位置，也影响着人们的身份、自我感和自尊感。社会地位的稳定程度反映了社会结构和稳定状况，据此，我们调查了人们与5年前相比社会地位变化状况。统计结果显示（见图10－2），人们的社会地位比较稳定，72.23%的受访者认为人们的社会地位“差不多”，有20.35%的受访者认为“提高较多”，仅有3.86%的受访者认为有所降低。

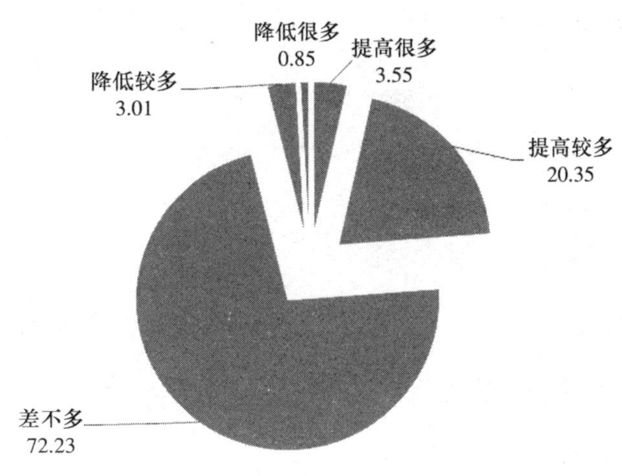


**图10－2　比较过去5年“社会地位”变化分布（%）**

我国经济结构不断调整，近几年消费超过投资，成为拉动经济增长的第一动力。但是，城市居民对耐用消费品的需求偏低。50.86%的受访者表示“不曾想过”

更换大宗电器，34.68%的受访者表示“不敢想”。

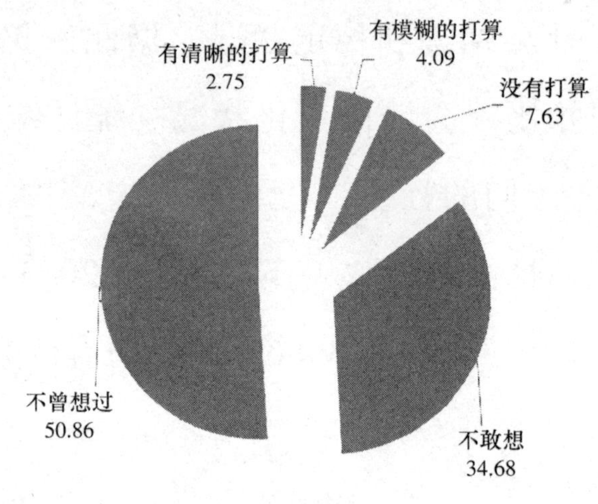


图10－3 “更换大宗电器”的消费预期（%）

人们对住房价格和住房状况满意度较低，人们仍有较大的购房需求。统计结果显示（见图10－4），15.46%的人们对购买住房“有模糊的打算”，9.27%的人们对购买住房“有清晰的打算”。如何协调住房价格高和住房需求大的矛盾是改善人们生活水平的关键点。

随着经济增长和生活方式变化，人们对汽车的消费需求量仍然较大。17.82%的人们对购买汽车“有模糊的打算”，11.27%的受访者对购买汽车“有清晰的打算”（见图10－5）。

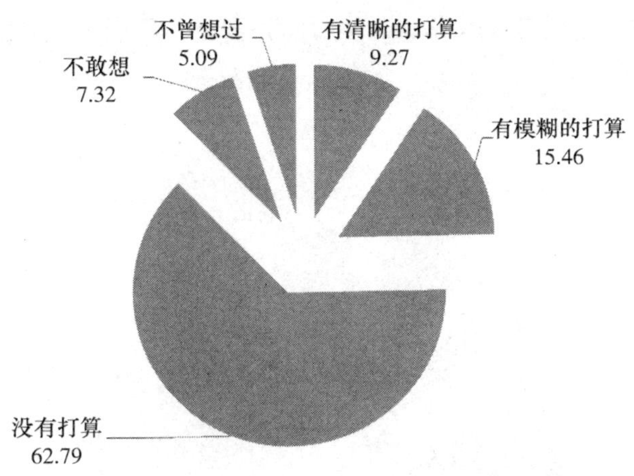


图 10－4　“购买住房”的消费预期（%）

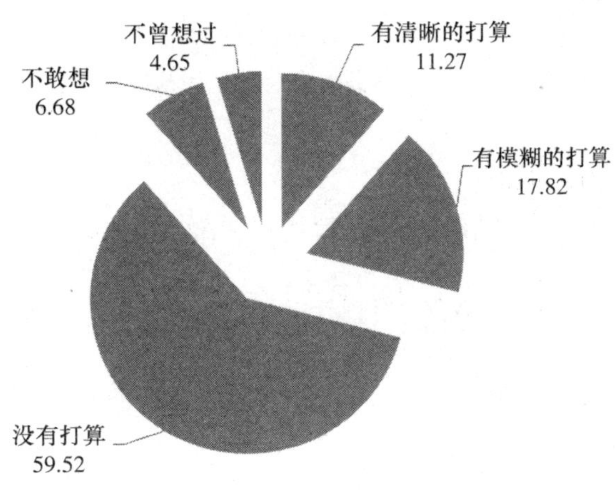


图 10－5　“购买汽车”的消费预期（%）

国家政策指出推动大众创业、万众创新，以扩大就业、增加居民收入，进而促进社会纵向流动和公平正义。统计结果显示（见图 10－6），9.49% 的受访者表示“有清晰的打算”，20.08%的受访者表示“有模糊的打算”。

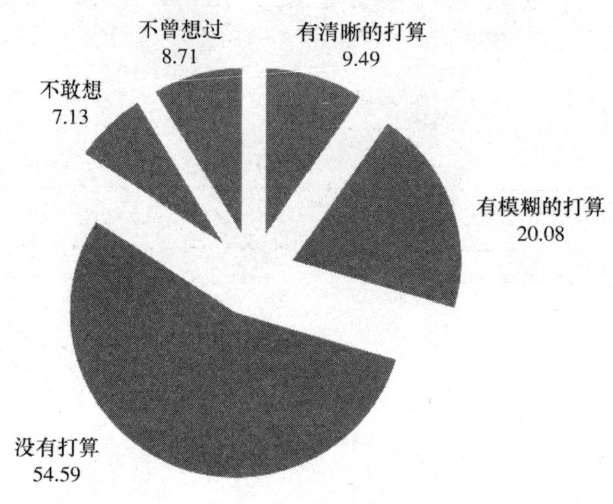


图 10－6 “投资创业”的行为预期（%）

中国城市居民创新有着明显的年龄差异。统计结果显示，16—25 岁年龄组中有 42.3% 的受访者有创业的打算，26—35 岁年龄组中有 38.2% 的受访者有创业的打算，36—45 岁年龄组中有 29.9% 的受访者有创业的打算，46—55 岁年龄组中有 18.0% 的受访者有创业的打算，56—65 岁年龄组中有 6.9% 的受访者有创业的打算，66 岁以上年龄组中有 3.6% 的受访者有创业的打算。总体上，低年龄的青年群体创业热情最高。

虽然有研究指出中国女性创业占比与美国相当，相较于法国、德国、俄罗斯等欧洲国家女性，更具创业精神；但是调查结果显示，中国城市居民女性创业意愿显著低于男性，34.1%的男性受访者表示有创业的计划，25.7%的女性受访者表示有投资创业的计划。

移民也成为中国城市居民的选择，0.99%的人们表示“有清晰的打算”，2.88%的受访者表示“有模糊的打算”（见图10－7）。高收入群体的移民倾向明显高于其他群体，6.6%的高收入群体表示有移民或出国定居的打算，3%的中等收入群体表示有移民或出国定居的打算，2.6%的低收入群体表示有移民或出国定居的打算。

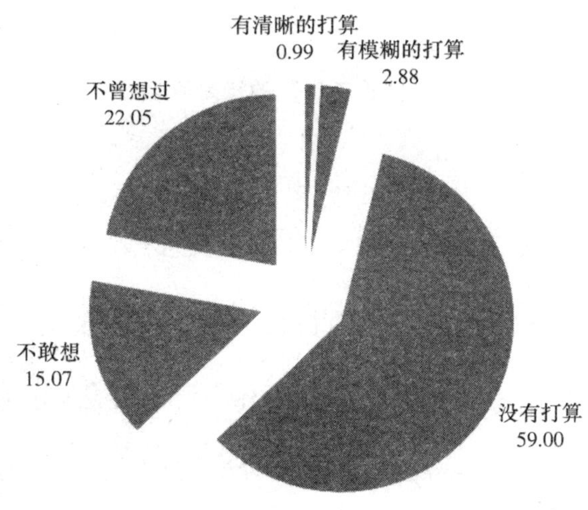


图10－7　“移民或出国定居”的行为预期（%）

人们职业流动的意愿较高。询问受访者是否有“换工作”的打算，11.88%的人们表示“有清晰的打算”，21.61%的受访者表示“有模糊的打算”，50.56%的人们表示“没有打算”（见图10－8）。

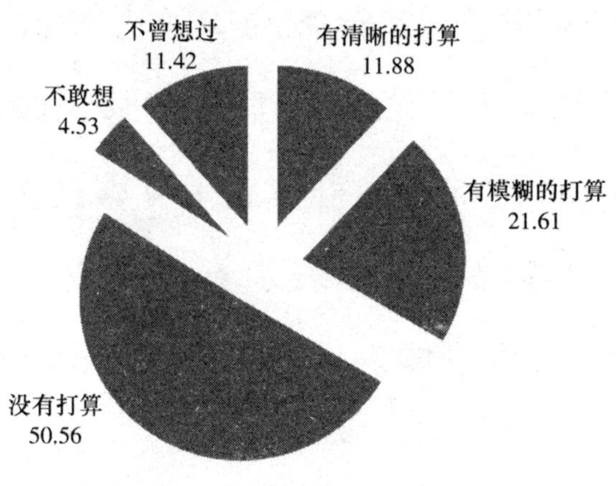


图10－8 “换工作”的行为预期（%）

人们自由流动的意愿较低，大多数人表示没有搬迁的打算。询问被访者是否有“搬迁至外省市”的打算时，统计结果显示（见图10－9），68.23%的受访者表示“没有打算”，4.64%的受访者表示“有模糊的打算”，仅有1.70%的受访者表示“有清晰的打算”。

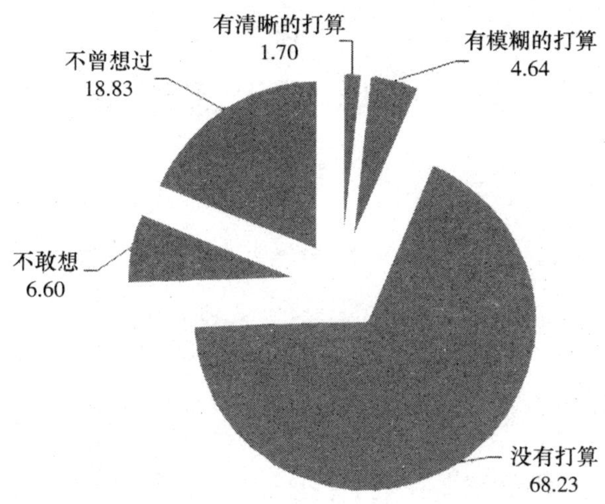


图 10－9　“搬迁至外省市”的行为预期（%）

# 十一　欧洲生活质量

欧盟生活质量调查（EQLS）是欧洲社会最有影响力、涉及欧盟绝大多数国家的调查。2003 年至今，已经开展了三次大规模的调查，覆盖了欧洲 27 个国家。这里主要报告欧盟最近一次调查的主要结论，作为比较分析中国城市居民生活质量水平的重要参照。① 总体上，欧盟生活质量调查通过 8 个维度评估欧盟居民的生活质量，包括预期寿命、物质生活条件、健康、教育、休闲和社会交往、经济和人身安全、政府治理和基本权利，以及自然和生活条件等。

欧洲生活质量以生活满意度为指标，测量以 10 分为满分。2012 年的调查结果显示，生活满意度最高的国家是芬兰，得分为 8.4 分；生活满意度最低的国家是保加利亚，得分为 5.5 分。而且，生活质量与国家经济发展水平有密切的正向相关关系，最富有的国家如荷兰、芬兰等，人们的生活满意度最高，最贫穷的国家如保加利

---

① 欧洲生活质量调查（European Quality of Life Survey，EQLS）是由欧洲生活和工作条件改善基金会（European Foundation for the Improvement of Living and Working Conditions）实施，2003 年、2007 年、2011 年共实施了三次大规模的样本调查。

亚，人们的生活满意度最低。社会民主国家显示出最高的生活满意度，民众幸福并快乐。大多数南欧国家的主观幸福感相对较低，如保加利亚、斯洛文尼亚和捷克。

我们现在从幸福感、压力和忙碌程度、主观社会排斥（perceived social exclusion）和自我实现的幸福感四个方面展开分析。在孤独感方面，希腊、意大利、匈牙利、罗马尼亚和保加利亚人们的孤独感最为强烈。北欧国家人们的压力感最低，有些国家如爱尔兰、西班牙和奥地利等国的人们的压力感较低，而希腊、保加利亚和塞浦路斯等国家人们的压力感非常大。在自我实现方面，北欧国家的人们有更高的自我实现感，奥地利、卢森堡的人们的自我实现感也较为强烈。在马耳他和西班牙，人们的自我实现感也较为强烈。自我实现感最低的是希腊、斯洛文尼亚、匈牙利、意大利和法国。

在欧洲，斯洛文尼亚社会民主类型的国家的生活质量水平更高。显然，欧洲生活质量水平高低受到经济发展水平如 GDP 的影响，强调了对中等收入水平家庭的关注。35—64 岁群体、贫穷群体、未普及初等教育的群体、失业群体、非欧洲本土居民对生活的满意度较低。与男性相比，女性的生活满意度更低。

数据还显示，42.2%的受访者对工作的满意度分值为10分，仅有32.4%的受访者对工作的满意度分值为1—4分。从失业者看，13%的失业者对生活的满意度较高，12.5%的失业受访者对生活的满意度较低。此外，约有1/3的人退休后有较高的满意度。

从婚姻状况看，收入高低显著影响人们的生活满意度。在生活满意度评分为10分的群体中，58.8%的受访者为已婚或有伴侣者。在生活满意度评分为1—4分的群体中，17.7%的受访者的婚姻状态为分居或者离异。在生活满意度评分达10分的受访者中，20.6%的受访者受过高等教育。

有较高生活满意度的受访者更有可能拥有自己的房屋（包括贷款房屋）。调查显示，对生活满意度较高的群体中，21.6%的受访者拥有自己的房产；而对生活满意度较低的群体中，仅有13.2%的受访者拥有自己的房产。总之，人们的经济社会地位高低极大影响着人们的幸福感。这一点有着重要的政策意义，政策制定者理应关注生活满意度较低的群体。

此外，人们的婚姻状态也极大影响着人们的生活压力感。已婚或有伴侣的受访者承受压力更大，压力感较轻的受访者更可能是单身状态。在压力感最大的群体中，55.6%的受访者处于已婚状态，24.6%的受访者是单身状态；在中等压力感群体中，48.2%的受访者处于已婚状态，18.8%的受访者处于单身状态。工作状态极大影响人们的压力感，在有较大压力群组中，48.2%的受访者处于工作状态，在较低压力群组中，37.8%的受访者处于工作状态。

2016年2月23日，全球知名咨询公司——美世咨询（Mercer）的第18次年度全球生活质量调查显示，尽管欧洲最近存在安全问题、社会动荡以及对于该地区经济前景的担忧，仍然有多个欧洲城市在全球生活质量排名中名列前茅。[①] 其中奥地利首都、位于多瑙河畔的维也纳再度蝉联第一，中国上海和北京分列第101位和第118位。比较而言，欧洲生活质量的水平高于作为发展中国家的中国，并且随着欧洲国家经济水平的不断提高，欧盟一体化进程加快，欧洲认同以及融合背景下的社会质量成为欧洲社会福祉的重要内容，这个角度下，欧洲社会的社会包容和社会排斥问题成为社会政策的重要议题。

---

① 《美世咨询2016年全球城市生活质量排名发布》，http://mt.sohu.com/20160224/n438356416.shtml。

## 十二　结论与政策建议

2015 年中国城市居民生活质量研究结果显示，人们对社会发展现状比较满意，对社会发展的未来前景充满信心。特别是，2015 年度人们生活满意度和信心度均高于 2014 年度人们的满意度和信心度。一方面，这显示了人们生活质量不断提高和改善的发展趋势，另一方面也是国家发展战略上重视推进民生建设，建设廉洁、高效的政府等所取得的良好效果。但一个明显的社会心态结构变化是，随着人们物质生活不断丰富和经济社会变化，人们生活的需求结构正发生转型，精神文化落后和心理健康支持不足问题凸显。

2015 年中国城市居民生活满意度分值为 65. 38 分，城市居民对生活现状基本满意。2015 年城市居民的总体信心度分值为 84. 85 分，城市居民对未来生活有较大的信心。城市居民对宏观社会层次生活状况满意度为 62. 35 分。宏观社会层次生活状况的信心度为 83. 62 分，微观个人层次生活状况的信心度为 86. 08 分，微观个人层次的满意度为 68. 40 分。

表 12－1 **生活质量的指数分布** 单位：分

| | 生活现状的满意度 | 未来生活的信心度 |
|---|---|---|
| 微观——个人生活 | 68.40 | 86.08 |
| 宏观——社会质量 | 62.35 | 83.62 |

注：100 分为满分。

**第一，人们心理的不安全感和焦虑感问题突出**。人们心理信任度分值为 61.84 分，显著低于人们对生活现状的满意度和对未来生活的信心度。中国城市居民的心态结构中人们深度的信任感和联结感缺失，内心的孤独感和与社会失去联系的焦虑感问题格外突出。

**第二，住房价格不仅是经济发展问题，更是关系民生健康发展的重大社会问题**。调查结果显示，人们对住房价格和住房状况满意度较低，高达 48.90% 的人们对住房价格表示“不满意”。人们仍有较大的购房需求，统计结果显示，15.46% 的人们对购买住房“有模糊的打算”，9.27% 的人们对购买住房“有清晰的打算”。如何协调住房价格高和住房需求大的矛盾是改善人们生活水平的关键点。

**第三，连续四年的调查显示，人们对“物价水平”**

**的不满意程度最高**。2015 年度，14.7% 的受访者表示对物价水平“非常不满意”，31.9% 的受访者表示对物价水平“比较不满意”，30.3% 的受访者表示“一般”，仅有 18.5% 的受访者表示“比较满意”，仅有 4.6% 的受访者表示“有些满意”。因此，2015 年国家仍亟须加强宏观调控和市场监管，理顺价格体系和管理体系。

**第四，人们生活满意度和信心度均存在显著的省际差异，而不存在显著的区域差异，这显示出以省会城市为中心的空间分化的基本格局，这可能有助于化解区域发展的不平衡**。其中，北京市人们的生活满意度显著低于其他省份，而浙江省人们满意度最高。

**第五，中青年群体是推动社会发展的核心力量，而调查显示中青年群体对生活不满意程度最严重，对未来生活的信心度明显不足**。36—45 岁年龄组人们的生活现状满意度最低，满意度均值仅为 64.57 分。其次为 26—35 岁年龄组，生活满意度分值为 65.55 分。

**第六，分宗教信仰来看，宗教信仰显著提高了人们的生活信心度**。有宗教信仰的受访者对生活满意度显著高于无宗教信仰的受访者；有宗教信仰的受访者对生活的信心度明显低于无宗教信仰者。特别是，有宗教信仰的人们虽然对社会质量的满意度显著低于无宗教信仰者，但是他们对社会发展的信心度均值高于无宗教信仰的人们，而且有宗教信仰的人们对个人发展变化的信心度显著高于无宗教信仰者。在某种程度上，宗教成为化解社会不满和社会冲突的制度渠道。

**第七，当前社会设施等宏观社会环境的发展水平与较高社会阶层的人们的期待存在明显差距**。分收入层次看，收入水平与生活满意度呈正向相关关系，收入水平与未来生活信心度呈负向相关关系。换言之，收入越高对生活满意度越高，收入越高对生活改善的信心度却越低。分受教育程度看，受教育水平和生活质量满意度存在显著正向相关关系，即受教育水平越高，对生活满意度越高；受教育水平与人们生活信心度存在负向相关关系，即受教育水平越高，对未来生活的信心度越低。

**第八，人们对经济收入的不公平感较为强烈**。人们的财富收入不公平感较为明显，半数以上的人们认为财富和收入分配是不公平的。统计结果显示，34.04%的人们认为当前财富和收入分配“较不公平”，16.42%的人们认为当前财富和收入分配“很不公平”，38.38%的人们认为当前财富和收入分配是公平的。

**第九，中国城市居民中城乡一体化水平不断提高，虽然城乡分割的结构性差异仍然存在，但人们对未来均等化的发展充满信心**。分城乡户籍看，农业户籍人口生活满意度显著低于非农业户籍人口。农业户籍人口对未来生活的信心度显著高于非农业户籍人口，农业户籍人口对生活的信任度显著高于非农业户籍人口。

**第十，随着城市化进程不断加快，流动人口的社会融入和社会福利问题日益凸显**。**本地人和外地人对生活现状的满意度存在显著差异，而对未来生活变化的信心度没有显著差异**。分本地、外地户籍类型看，外地户籍人口生活满意度显著低于本地户籍人口，本地和外地户籍人口对未来生活的信心度无显著差异，本地人和外地人生活的信任感没有显著差别。

**第十一，人们获取信息的方式发生较大变化，手机移动网络已然成为信息化时代人们获取信息的主要方式之一，特别是以手机为媒介的移动互联网日益普及**。55.17%的受访者认为较多使用微信或手机获取信息。调查也发现，电视仍然是人们获取信息的主要方式，65.76%的人们表示较多通过电视获得新闻信息。

**第十二，虽然网络成为人们获取信息的重要而普遍**

**的方式，但人们对网络信息的信任度偏低，网络使用时间越长，人们对生活的满意度和信心度越低**。仅有37.64%的人们对来源于网络的信息表示信任。人们使用网络的时间与对生活总体满意度、信任度呈负向相关，也就是上网频率越高，人们对生活现状的满意度和未来生活的信心度越低。

**第十三，网络使用存在显著的年龄差异，可能导致代际性网络数字鸿沟**。网络是年轻人获得信息的最常用方式，而55岁以上老年人群体中“从不上网”者比例高达70%以上。

**第十四，青年人群体有着较高的创业热情**。国家政策指出推动大众创业、万众创新，以扩大就业、增加居民收入，进而促进社会纵向流动和公平正义。16—25岁年龄组中有42.3%的受访者有创业的打算，26—35岁年龄组中有38.2%的受访者有创业的打算。

从本次调查来看，中国城市居民生活质量总体上不断地改善和提高，随着经济发展水平提高和物质财富积累，人们的生活需求结构正在发生转型。人们对个人价值、精神文化的需求日益强烈，个体价值观和个人选择日渐多样化，社会治理进入更为复杂、更需要求同存异协调发展的新阶段。

随着经济发展到新常态阶段，过去几十年经济快速发展所引发的社会矛盾和后果仍是未来社会治理的重点。快速经济发展留下了社会价值规范失调等问题，这提出了宏观制度安排上提供服务以满足人们的心理精神健康和精神文化的要求。快速经济增长留下环境破坏等生态问题，这提出了在宏观制度安排上调整经济增长方式、激活社会组织以加快生态、环境的修复和治理的要求。在未来改革发展中，一是需要国家在物价、房价、环境保护、文化建设等方面进行战略性的改革；二是重视推动人民群众参与社会建设，让每个人在家庭、社区和工作生活中发掘创造真善美。

艾云，女，生于1981年7月，中国社会科学院社会发展战略研究院助理研究员。2011年毕业于北京大学，获社会学博士学位。2009年1月—2011年1月在斯坦福大学弗里德曼国际研究中心做访问学者。研究领域有官僚组织行为、城乡关系、乡村制度变迁。2012—2016年连续五年参与中国社会科学院社会发展态度调查，主要研究中国城市居民生活质量与幸福感。在《中国社会科学》《社会》《社会发展研究》等期刊发表多篇中文论文，在 *The China Quarterly*、*Research in the Sociology of Organization* 上发表论文多篇。